S.O.S.
Depression

. . . .

Michael D. Yapko

Schnelle und wirksame Hilfe für Betroffene

70 Fragen und Antworten

Übersetzt aus dem Amerikanischen von Astrid Hildenbrandt

2002

Carl-Auer-Systeme im Internet: **www.carl-auer.de**
Bitte fordern Sie unser Gesamtverzeichnis an!

Carl-Auer-Systeme Verlag
Weberstr. 2
69120 Heidelberg

Über alle Rechte der deutschen Ausgabe verfügt Carl-Auer-Systeme
Verlag und Verlagsbuchhandlung GmbH Heidelberg
Fotomechanische Wiedergabe nur mit Genehmigung des Verlages
Übersetzt aus dem Amerikanischen von Astrid Hildenbrandt
Layout und Satz: Josef Hegele, Dossenheim
Umschlaggestaltung: WSP Design, Heidelberg
Umschlagbild: Mathias Weber/www.umschlag3.de
Printed in Germany
Druck und Bindung: Druckerei Kösel, Kempten, www.koeselbuch.de

Erste Auflage, 2002
ISBN 3-89670-272-6

Die Deutsche Bibliothek - CIP-Einheitsaufnahme

Ein Titeldatensatz für diese Publikation ist bei
Der Deutschen Bibliothek erhältlich.

Inhalt

Dank

Meine berufliche Entwicklung möchte ich als recht ungewöhnlich bezeichnen. Denn ich hatte die Gelegenheit, in meiner Rolle als Lehrer extensiv reisen zu dürfen, und das Glück, die unterschiedlichsten Menschen aus verschiedenen Kulturen kennen zu lernen und sie als Freunde zu gewinnen. Alle diese Menschen haben mich an ihren Anschauungen und ihrem Wissen großzügig teilhaben lassen. Ihnen allen danke ich dafür, dass sie es mir ermöglicht haben, die Depression – und das menschliche Leben – in einem weitaus größeren Kontext zu sehen, als es ohne sie der Fall gewesen wäre.

Durch meine eigene klinische Praxis hatte ich auch die Gelegenheit, von außerordentlich integren Menschen, die aus der Bahn geworfen waren und den Weg zurück nicht finden konnten, zu lernen, welcher Schmerz und welche Verzweiflung mit einer Depression verbunden sind. So viele Male war ich gerührt von ihrem Mut und ihrer Beharrlichkeit, die sie in Phasen der Niedergeschlagenheit zeigten, und ich war voller Respekt vor ihrer inneren Würde, wenn sie wieder ins Leben zurückgefunden hatten. Ihnen allen möchte ich meinen Dank aussprechen. Es ist erstaunlich, welche Ressourcen ein Mensch mobilisieren kann; und genau diese Beobachtung fasziniert mich in meiner Berufspraxis immer wieder.

Allem zugrunde liegt meine tiefe Liebe zu meiner Frau Diane und meine Wertschätzung für sie. Ihre Ehrlichkeit, ihr Mitgefühl, ihre Geduld, ihre Gelassenheit und Großmut sind für mich auf so vielen Ebenen eine Quelle der Inspiration. Wie sonst hat sie auch zu diesem Projekt viel beigetragen und geholfen, dass es realisiert werden konnte. Ich bin mir meines Glückes bewusst, dass Diane meine Lebensbegleiterin ist.

Wendy, Richard und Megan („The Hugbug") Horowitz, die seit mehr als drei Jahrzehnten meine besten Freunde sind, weisen mir öfter den richtigen Weg zum gesunden Menschenverstand, als sie vielleicht ahnen. Ich danke Euch dafür. Ihr seid noch immer die besten Begleiter.

Nicht zuletzt sei erwähnt, dass meine engsten Verwandten für mich sehr viel bedeuten. Die Familien Yapko und Harris bilden immer wieder ein Fundament der Liebe, auf dem alles andere aufbaut. Dafür bin ich dankbar. Ihr macht es mir so einfach, Euch alle zu lieben!

Michael D. Yapko
Solana Beach, Kalifornien

Einleitung

Die Depression ist eine komplexe Störung, deren Erscheinungsformen durch Superlative gekennzeichnet sind: Statistisch gesehen, ist sie die *häufigste* aller affektiven Störungen. Ökonomisch gesehen, ist sie die *kostspieligste* Störung, wenn man die verminderte Effizienz der depressiven Person zugrunde legt. Vom menschlichen Erleben her gesehen, ist sie die *kräftezehrendste* Störung, die sowohl mit körperlicher Krankheit als auch mit gestörten zwischenmenschlichen Beziehungen aufs Engste verknüpft ist. Die Depression ist möglicherweise die Störung mit der *höchsten Todesrate*, denn der Selbstmord wird häufig als die endgültige Lösung für ein vorübergehendes Problem gewählt. Schließlich zählt die Depression – und das ist ein positiver Superlativ – zu den *am besten therapierbaren* Störungen, die es von Nervenärzten zu behandeln gilt.

Was das Thema psychische Gesundheit anbelangt, bewegt man sich in den USA zur Zeit auf einen Wendepunkt zu. Diese Entwicklung ist längst überfällig. Am 13. Dezember 1999 veröffentlichte Dr. David Satcher, Generalstabsarzt der US-amerikanischen Truppen und erster Regierungssprecher in Sachen öffentliches Gesundheitswesen, einen aussagekräftigen Bericht, in dem er die tiefe Kluft zwischen dem Bedarf an psychiatrischen Dienstleistungen und dem tatsächlich vorhandenen Angebot dokumentierte. „Die grausame und ungerechte Stigmatisierung, die mit psychischen Störungen verbunden ist", so Satcher, sei „hoffnungslos überholt" und dürfe nicht länger hingenommen werden. Dr. Satcher wollte, dass dem Thema psychische Gesundheit mehr Beachtung geschenkt werde, und versprach, die jetzige und zukünftige Regierungen zu motivieren, sich seinen Bestrebungen anzuschließen.

Wie können wir die Kluft zwischen dem großen Bedarf an Hilfeleistungen und dem tatsächlich vorhandenen Angebot überwinden? Wie können wir die umfangreichen klinischen Daten und Forschungsergebnisse so verfügbar machen, dass sie die Personen erreichen, die leiden und dringend das „Licht im Dunkel" brauchen? Diese Frage ist mir in meiner beruflichen Praxis schon immer ein Anliegen gewesen, und sie ist auch der Beweggrund für das vorliegende Buch. Die ersten fünf Bücher, die ich geschrieben habe, sind an meine Berufskollegen adressiert, und meine letzten drei Bücher richten sich an die Allgemeinheit. Ich möchte mit meinen Ausführungen die Menschen erreichen, die solche Informationen besonders dringend brauchen, und das vorliegende Buch scheint dafür eine praktikable Möglichkeit zu sein. Es ist ein kurzes, leicht zu lesendes Buch, bei dessen Entstehung ich einen Menschen vor Augen hatte, der an psychischen Symptomen leidet, die seine Konzentrationsfähigkeit schwächen, und der rasch neue Ideen und klare, aktuelle Informationen braucht, mit deren Hilfe er aus seiner verzweifelten Situation heraus- und wieder ins Leben zurückfindet. Es ist ein Buch für Menschen, die weder die Zeit noch die Energie oder vielleicht auch keine Lust haben, dicke Bücher zu lesen. Es ist in einem sachlichen Stil verfasst und soll einfach nur die gestellten Fragen beantworten.

Als ich Mitte der 70er-Jahre anfing, das Phänomen Depression genauer zu erforschen, wusste man noch sehr wenig über diese psychische Störung. Prozac (internationaler Freiname: Fluoxetin) gab es noch nicht; die Medikamente, die damals auf dem Markt waren, wurden (aufgrund ihrer Nebenwirkungen) nur von sehr wenigen Menschen vertragen; effiziente Psychotherapien waren noch nicht entwickelt; und Informationen waren nur spärlich zu bekommen, bestenfalls über so grundlegende Fragen wie: „Wer ist anfällig für Depressionen und weshalb?" Nun, viele Jahre später, gehört die Depression zu den klinisch am gründlichsten erforschten Störungen. Die wissenschaftliche Literatur zu diesem Thema hat enorme Ausmaße angenommen. Und besonders wichtig ist es, dass erfolgreiche Therapien gegen Depressionen entwickelt worden sind. Das vorliegende Buch kann eine wichtige Rolle spielen, wenn es die Sichtweisen und auch einige Fertigkeiten zu vermitteln vermag, die notwendig sind, um in einer zunehmend von seelisch-geistigen Störungen geprägten Welt psychisch gesund zu bleiben.

I. Allgemeine Fragen

1. Was ist eine Depression?

Die Depression wird von den Nervenärzten als eine affektive Störung definiert. Sie ist eine komplizierte Störung, weil sie so viele verschiedene Aspekte eines Menschenlebens auf negative Weise beeinträchtigen kann. So kann sie die körperliche Gesundheit eines Menschen (z. B. durch Schlafstörungen, Libidoverlust, verminderten Appetit), seine Motivation und Konzentration, seine Beziehung zu anderen Menschen oder seine berufliche Leistung beeinträchtigen und zu einer insgesamt negativen Lebenseinstellung führen. Aufgrund einer Depression kann das Leben eines Menschen freudlos und beschwerlich werden. Menschen, die an Depressionen leiden, fühlen sich oftmals hilflos und sehen keine Hoffnung, dass sich ihr Zustand jemals bessern wird.

Weil eine Depression viele verschiedene Aspekte eines Menschenlebens beeinträchtigen kann und auch tatsächlich beeinträchtigt, sind nicht alle Menschen, die an Depressionen leiden, auf die gleiche Weise in Mitleidenschaft gezogen. Die Betroffenen gehen vielleicht wegen ganz unterschiedlicher Symptome oder Beschwerden zum Arzt, und doch können sie alle an einer Depression leiden. Auch die Symptome der Depression können sich in ihrer Ausprägung zwischen leicht und schwer bewegen. Dies ist der Grund, weshalb eine Depression selbst von erfahrenen Ärzten manchmal nicht exakt diagnostiziert werden kann.

2. WIE WIRD EINE DEPRESSION DIAGNOSTIZIERT?

Die Diagnose einer Depression kann etwas schwierig sein, weil in vielen Fällen zugleich noch andere medizinische oder psychische Probleme existieren, die die Depression vielleicht überlagern oder komplizieren.

Fachärzte gehen bei der Diagnose psychischer Störungen nach einem System vor, das 1952 von der American Psychiatric Association (APA) veröffentlicht wurde und regelmäßig überarbeitet und erweitert wird. Dieses inzwischen sehr umfangreiche Werk, in dem die diagnostischen Verschlüsselungen der bekannten psychischen Störungen systematisch erfasst sind, liegt in deutscher Sprache in der 4. Auflage vor und trägt den Titel „Diagnostisches und Statistisches Manual Psychischer Störungen – DSM-IV". In diesem „DSM-IV", wie es in Kurzform heißt, sind alle psychischen Störungen aufgelistet und beschrieben, z. B. auch eine Reihe von „affektiven Störungen", von denen eine im Fachbegriff als „Major Depression" bezeichnet wird. Diese so genannte „Major Depression", oder einfach „Depression", gehört zu den häufigsten affektiven Störungen und ist das Thema des vorliegenden Buches. Die Depression darf nicht verwechselt werden mit einer anderen „affektiven Störung", der so genannten „bipolaren affektiven Störung", die landläufig als „manisch-depressive Störung" bezeichnet wird. Auf diese Art der affektiven Störung wird hier nicht eingegangen.

Laut DSM-IV kann die Diagnose Major Depression gegeben werden, wenn ein Mensch mindestens eines der folgenden primären Symptome aufweist:

1) Das Individuum befindet sich die meiste Zeit des Tages in einer depressiven Stimmung.
2) Das Individuum hat kein Interesse oder keine Freude mehr an den Dingen, die es normalerweise zu schätzen weiß.

Die Diagnose Depression wird gegeben, wenn ein Symptom oder beide Symptome mindestens zwei Wochen lang kontinuierlich anhalten. Weitere Symptome können Schlafstörungen sein (der Betroffene schläft entweder zu wenig oder zu viel), verminderter oder verstärkter Appetit (der Betroffene isst entweder zu viel oder zu wenig, was innerhalb eines Monats zu über 5-prozentigen Gewichtsschwankungen führen kann), auffällige Agitiertheit oder Lethargie, fast die ganze Zeit über ausgeprägte Müdigkeit, Gedanken über eigene Wertlosigkeit, übergroße Schuldgefühle, Konzentrationsschwächen und Todes- oder Suizidgedanken. Wenn die meisten dieser Symptome eine längere Zeit anhalten, ist gemäß DSM-IV die Diagnose „Major Depression", korrekt. Was jedoch wichtiger ist als die „offizielle Checkliste", ist die Frage, welche Relevanz solche Symptome in Ihrem Leben haben. Wenn Sie unter Ihrer Niedergeschlagenheit leiden, brauchen Sie keine Checkliste, um die Symptome „offiziell" zuordnen zu können. Wenn Sie den Verdacht haben, depressiv zu sein, sollten Sie Ihre Sorgen einem entsprechend ausgebildeten Arzt anvertrauen (siehe Fragen 21, 37 und 38).

3. Welches sind die häufigsten Symptome einer Depression?

Alle Symptome, die in der Antwort auf die Frage 2 beschrieben werden, sind die üblichen Symptome, doch nicht alle treten gleich intensiv in Erscheinung. Die häufigsten Symptome einer Depression sind Schlaflosigkeit, Müdigkeit, Gefühle der

Hoffnungslosigkeit, Hilflosigkeit, Traurigkeit, Angst, Konzentrationsschwächen sowie Gedanken an Tod und/oder Selbstmord. Viele Menschen mit einer Depression zeigen die anderen Symptome (z. B. Schlafstörungen oder Appetitverlust) überhaupt nicht oder nur sehr schwach ausgeprägt. Die Symptome einer Depression können individuell ziemlich verschieden sein. Das Entscheidende ist jedoch die Frage, wie Sie zu Ihrem eigenen Selbst und Ihrer Lebensqualität stehen.

Die Symptome einer Depression spielen eine Rolle, weil sie bis zu einem gewissen Grad ein spezifisches Behandlungsverfahren nahe legen können. So bietet der Gebrauch von Medikamenten, die angstdämpfend oder schlaffördernd wirken und zugleich die depressive Störung beseitigen, ein breiteres Behandlungsspektrum, als wenn die Symptome der Depression nicht mitbehandelt werden. Ebenso bietet eine Psychotherapie, die im Klienten nicht nur die Fähigkeit wecken kann, zwischenmenschliche Beziehungen zu verbessern und Probleme zu bewältigen, sondern ihm auch die Fähigkeit zur Entspannung und Konzentration gibt, eine umfassendere Behandlung, als wenn die Symptome der Depression ignoriert werden.

4. Wodurch wird eine Depression verursacht?

Depressionen können viele Ursachen haben. Obwohl gemeinhin angenommen wird, dass die Depression nur eine einzige Ursache habe (z. B. ein Trauma oder Vererbung), hat die Forschung klar gezeigt, dass eine Depression nicht durch ein singuläres Ereignis oder eine einzelne Komponente eines Menschenlebens verursacht wird. Deshalb ist es nicht ganz zutreffend, wenn man die einseitige Auffassung propagiert – auch wenn diese gegenwärtig sehr populär ist –, dass die Depression eine rein biologische Störung sei, die von einem biochemischen Ungleichgewicht im Gehirn verursacht werde. Auch die einseitige Auffassung, dass die Depression eine Konsequenz aus negativen oder verletzenden Ereignissen sei, ist nicht ganz zutreffend. Bei der Entstehung einer Depression sind noch andere Faktoren beteiligt. Dazu gehören z. B. individuelle psychische Faktoren wie etwa die persönliche Biografie und das Temperament eines Menschen. Dazu gehören auch soziale Faktoren wie etwa die Kultur, in der ein Mensch lebt, und die Qualität seiner Beziehungen zu anderen. Deshalb hat sich im Bereich der psychischen Gesundheit das so genannte „biopsychosoziale" Modell der Depression durchgesetzt. Es betont den Umstand, dass biologische und psychische Faktoren sowie die Qualität der sozialen Interaktion zur Entstehung einer Depression beitragen.

5. WELCHE ORGANISCHEN LEIDEN KÖNNEN MIT EINER DEPRESSION VERBUNDEN SEIN?

Es gibt viele Erkrankungen und Leiden, die eine Depression verursachen oder verschlimmern können. Zu den am häufigsten vorkommenden Krankheiten zählen Aids, Anämie, Krebs, Herzinsuffizienz, Diabetes, infektiöse Hepatitis, Fehlernährung, multiple Sklerose, Rheumatoidarthritis und Schilddrüsenerkrankungen.

Die Tatsache, dass so viele organische Erkrankungen und körperliche Leiden mit einer Depression verbunden sein können, ist der Grund dafür, weshalb man am besten mit einer gründlichen körperlichen Untersuchung beginnt, um den diagnostischen und therapeutischen Prozess in Gang zu setzen. Es trifft zwar zu, dass bei den meisten Menschen mit Depressionen keine organische Ursache für ihre Störung vor-

liegt, doch es ist eine kluge Entscheidung, zuerst alle potenziellen somatischen Ursachen durch eine gründliche Untersuchung auszuschließen. Ein organisches Problem zu behandeln, als ob es rein psychischer Natur sei, ist eine Aktion, die
in die falsche Richtung geht und die sich auf mehr als nur eine
Weise als kostspielig herausstellen kann. Ähnlich ist es fast
eine Garantie dafür, dass sich die Depression verschlimmert,
wenn die organische Ursache einer Depression nicht erkannt
wird und Krankheiten oder Beschwerden unbehandelt bleiben. Alles, was eine effiziente Behandlung auf allen Ebenen
verzögert, trägt zu einem verlängerten Leiden bei.

6. Können verschreibungspflichtige Medikamente eine Depression verursachen?

Ja. Es gibt viele verschreibungspflichtige Medikamente, die
Nebenwirkungen in Form von Depressionen haben können.
Zu den am häufigsten verschriebenen Medikamenten dieser
Art zählen Arzneimittel, die zur Behandlung von Herzkrankheiten verabreicht werden, z. B. Betablocker, aber auch andere Medikamente, z. B. Beruhigungsmittel (Sedativa) mit Wirkung auf alle Funktionen des Zentralnervensystems (ZNS),
Antikonvulsiva (Medikamente zur Verhinderung oder Ab-
schwächung epileptischer Anfälle) und Chemotherapeutika
bei Krebserkrankungen. Die Liste könnte fortgesetzt werden.
Patienten, die solche Medikamente einnehmen, und natürlich auch die Ärzte, die ihren Patienten solche Substanzen
verschreiben, müssen wissen, wie sich die Arzneimittel auf
die Stimmung auswirken. Manchmal muss eine bestimmte
Medikation verändert werden; wenn dies aus einem bestimmten Grund nicht möglich ist, kann mehr Aufklärung
über die Wechselwirkung zwischen der Medikamentenein-

nahme und den Stimmungsveränderungen dem Patienten helfen, besser mit seiner Depression umzugehen und über die ihm zur Verfügung stehenden Alternativen zu entscheiden.

7. KANN DER KONSUM VON ALKOHOL ODER PARTYDROGEN EINE DEPRESSION VERURSACHEN ODER KOMPLIZIEREN?

Ja. Alkohol ist an sich ein Beruhigungsmittel, und man hat nachgewiesen, dass durch Alkohol einige derselben Nervenbahnen gereizt werden wie durch eine Depression. Für Menschen, die depressiv sind oder zur Depression neigen, ist Alkohol ein schlechtes Mittel und sollte komplett vermieden werden.

Auch Partydrogen stellen ein enormes Risiko dar und sollten nicht eingenommen werden. Ihre Wirkung auf die Neurotransmitter im Gehirn ist von Fall zu Fall unterschiedlich und nicht voraussagbar. Solche Substanzen haben nicht nur das Potenzial, bleibende physische Schädigungen zu verursachen, sondern auch das Potenzial, psychische Schädigungen hervorzurufen. Partydrogen mindern die Fähigkeit zur Problembewältigung und verstärken die „Flucht vor der Wirklichkeit", sodass der Betroffene sich nicht mit seinen Gefühlen (z. B. seiner Angst) oder mit Problemen auseinander setzen muss. Dies entmündigt einen Menschen und macht ihn zum Opfer, wenn er glaubt, seine Probleme nicht direkt angehen oder auf vernünftige Weise lösen zu können und dass ihm Drogen sein Leben bewältigen helfen könnten.

Alkohol- oder Drogenkonsum ist eine schlechte Wahl, die die Situationen zwangsläufig verschlimmert. Wenn Sie selbst oder Ihre Freunde oder Bekannte Drogen nehmen oder Alkoholprobleme haben, kann das ein Anzeichen einer Depression sein und sollte in einer Therapie vorrangig thematisiert werden.

8. WELCHE PSYCHISCHEN LEIDEN KÖNNEN MIT EINER DEPRESSION VERBUNDEN SEIN?

Eine Depression geht häufig einher mit anderen psychischen Problemen. Wenn dies der Fall ist, spricht man von einem „komorbiden" Zustand. Manchmal spielt es eine große Rolle, welcher Zustand im Erleben des Betroffenen vorherrscht, damit die Behandlung erfolgreich ist; manchmal spielt dies eine geringere Rolle. Doch in jedem Fall ist es wichtig, komorbide Zustände zu erkennen, weil sie einen starken Einfluss darauf haben können, wie man sich den Fragen der Therapie und der Erholung am besten nähert.

Der am häufigsten vorkommende komorbide psychische Zustand mit Depression ist eine Art Angststörung. Eine Angststörung ist ein psychischer Zustand, in dem die Funktionstüchtigkeit des Betroffenen aufgrund eines hohen Angstpegels gestört ist. Es ist tatsächlich so, dass viele der außerordentlich quälenden Symptome einer Depression – Schlafstörungen, Konzentrationsschwächen, Ruhelosigkeit, Agitiertheit und übergroße Besorgtheit – oftmals auf die Angststörung des depressiven Menschen zurückgeführt werden können.

Andere häufig vorkommende komorbide Zustände gehen einher mit Alkohol- und Drogenmissbrauch. Bei der Einnahme bewusstseinsverändernder Substanzen kann eine zugrunde liegende Depression, wie diese auch gelagert sein mag, erst dann effizient behandelt werden, wenn der Alkohol- oder Drogenmissbrauch eingestellt wird. Zum großen Teil ist der Alkohol- und Drogenmissbrauch, der in unserer

Gesellschaft weit verbreitet ist, eine Folge schlecht behandelter und sogar unerkannter Depressionen.

Es gibt ernsthafte komorbide psychische Leiden, die man als Persönlichkeitsstörungen bezeichnet. Diese Störungen stellen weitaus kompliziertere Probleme dar, die nicht nur das Handeln eines Menschen beeinträchtigen, sondern auch sein gesamtes Wesen. Menschen mit Suchtproblemen, Menschen ohne Realitätssinn für ihre eigene Person, Menschen, die der Konfrontation mit der Wirklichkeit ausweichen, und Menschen, die psychisch sehr zerbrechlich sind, haben Probleme, die erheblich gravierender sind als eine reine Depression.

Wenn eine Depression mit weiteren psychischen Problemen einhergeht oder solchen Problemen zugrunde zu liegen scheint, ist es besonders wichtig, dass man die Probleme dieses Menschen nicht unterschätzt. Versuche einer effizienten Selbstbeurteilung und einer eigenverantwortlichen Behandlung (Selbsthilfe) sind in solchen Fällen unmöglich, verzögern einfach den Zeitpunkt, zu dem eine korrekte Diagnose gestellt wird und die Behandlung beginnt, und verlängern somit das Leiden des Betroffenen.

9. WIE VERBREITET SIND DEPRESSIONEN?

Zum gegenwärtigen Zeitpunkt leiden etwa 20 Millionen Amerikaner an Depressionen. Für Deutschland schätzt man, dass 20 % aller Bundesbürger (etwa eine von vier Frauen und etwa einer von acht Männern) irgendwann in ihrem Leben an einer Depression leiden. Diese Zahlen sind vielleicht zu gering angesetzt, weil die Depression sehr oft nicht diagnostiziert wird und somit unbehandelt bleibt.

Wie die Weltgesundheitsorganisation (WHO) berichtet, standen die Depressionen (nach Herzkrankheiten, Krebserkrankungen und Unfällen) im Jahr 2000 weltweit an vierter Stelle der Zustände, die besonders an den Kräften eines Menschen zehren. Der Begriff „kräftezehrend" involviert Verlust an Lebensqualität, menschliches Leiden und die gesundheitlichen und sozialen Probleme, die bekanntermaßen mit einer Depression einhergehen. Düster ist die Voraussage der Weltgesundheitsorganisation, nach der bis zum Jahr 2020 die Depression vom vierten auf den zweiten Platz der Zustände rücken wird, die besonders kräftezehrend sind.

10. Wodurch wird eine Depression geheilt?

Experten auf dem Gebiet der Depressionen sprechen bezeichnenderweise nicht davon, dass eine Depression „geheilt" wird. Sie benutzen eher Begriffe, die auf den „Umgang" mit einer Depression abzielen. Denn die Betroffenen müssen lernen, mit ihrer Gemütsverfassung umzugehen, wie sie auch lernen, mit ihrem Körper umzugehen.

Die zwei Hauptmethoden, nach denen Fachärzte mit Depressionen umgehen, sind die Psychotherapie und die Verabreichung von Antidepressiva. Diese beiden Strategien im Umgang mit Depressionen werden an späteren Stellen in diesem Buch detailliert besprochen. Strategien der Selbsthilfe sind ein vitaler Aspekt im Umgang mit einer Depression.

Als Nervenarzt hat man vielfältige Möglichkeiten, seine depressiven Patienten darin zu unterweisen, wie sie mit ihrer Depression wirksam fertig werden können. Zwei wesentliche Fertigkeiten kann der Betroffene durch die Behandlung erwerben: Er kann herausfinden lernen, wo seine Depression ihren Ausgangspunkt hat (ob sie eher durch sein soziales Umfeld ausgelöst wird oder ob sie eher in seinem Kopf lokalisiert werden kann), und er kann Techniken entwickeln, wie er mithilfe wirksamer Strategien der Lebensbewältigung ein „Abgleiten" verhindert. Effektive Strategien, mit denen die Auswirkungen einer Depression abgewendet werden können, sind so individuell wie die einzelnen Menschen, die an Depressionen leiden. Die Zusammenarbeit zwischen dem depressiven Patienten und dem Nervenarzt ist das beste Mittel, um angemessene Strategien der Intervention und des Selbstmanagements entwickeln zu können.

11. GEHT EINE DEPRESSION JEMALS WIEDER VON SELBST WEG?

Manchmal. Es gibt ein Phänomen, das als „spontane Remission" bezeichnet wird und bei dem die Depression von selbst zu verschwinden scheint, ohne dass eine spezifische Behandlung durchgeführt wird. Man weiß nicht, wie oft dieses Phänomen eintritt; aber es kommt vielleicht in der Hälfte der Fälle und im Allgemeinen in einem Zeitraum zwischen vier und zehn Monaten nach Auftritt der Depression vor.

Natürlich sind die Betroffenen glücklich darüber, wenn die Depression schließlich verschwindet, und dann gibt es kaum etwas Leichteres, als einfach „Gott sei Dank" zu sagen. Doch wenn der Betroffene danach nichts mehr unternimmt, um etwas über die Auslöser seiner depressiven Episode herauszufinden oder sich damit auseinander zu setzen, steigt die Wahrscheinlichkeit, einen Rückfall zu erleben, deutlich an. Eine Depression sollte nicht leichtfertig abgetan werden, selbst wenn im Moment keine Symptome einer Depression erkennbar sind. Es verlangt nachhaltige Anstrengungen, um über eine Depression hinwegzukommen und sie hinter sich zu lassen, auch wenn sie „einfach von selbst wegzugehen scheint". Einfach ausgedrückt, heißt das: Wenn Sie erkennen, dass Sie für depressive Episoden anfällig sind, besteht eine kontinuierliche Herausforderung darin, dass Sie mit sich selbst in einer Weise umgehen, die Sie vor den Auswirkungen einer Depression so gut wie möglich schützt. Dieser Prozess erfordert Einsicht und bestimmte Fertigkeiten.

12. WER WIRD DEPRESSIV?

Jeder von uns hat das Potenzial in sich, von Depressionen befallen zu werden. Eine Depression kann jeden Menschen auf der Welt heimsuchen, und ob dieser Fall eintritt, hängt ab von den komplexen Wechselwirkungen zwischen biologischen Anfälligkeiten, umweltbezogenen und sozialen Bedingungen und von der individuellen psychischen Struktur. Die Möglichkeit, von Lebensereignissen und/oder unserer eigenen unvollkommenen mentalen und physischen Ausstattung überwältigt zu werden, ist jederzeit gegeben.

Durch den Hinweis, dass jeder Mensch depressiv werden kann, sollte Ihnen klar geworden sein, dass die Depression kein Persönlichkeitsdefekt, keine Schwäche, kein peinlicher Zustand, keine „Krankheit" und auch kein göttlicher Fluch ist. Im Strom des Lebens ist die Depression einem Strudel vergleichbar, in den jeder Mensch hineingeraten kann. Der Maßstab psychischer Gesundheit besteht nicht darin, niemals an einer Depression zu leiden. Er besteht darin, welche Bewältigungsstrategien Sie einsetzen, wenn Sie von einer Depression heimgesucht werden. Fest steht jedoch, dass manche Menschen anfälliger sind für Depressionen als andere; und diese Erkenntnis bietet einige Möglichkeiten dafür, wie man Depressionen vorbeugen kann.

13. Sind manche Menschen anfälliger für Depressionen als andere?

Ja. Was das Lebensalter betrifft, stellt in den USA die so genannte Generation der *baby boomers* – damit sind die geburtenstarken Jahrgänge der Nachkriegsgeneration gemeint – die größte Bevölkerungsgruppe der Menschen, die an Depressionen leiden. Die am schnellsten wachsende Bevölkerungsgruppe depressiver Menschen stellen die Kinder dieser *baby boomers*.

Was die Geschlechtszugehörigkeit betrifft, stellen die Frauen den größten Anteil der an Depressionen leidenden Menschen. Sowohl aus sozialen als auch aus biologischen Gründen, die in den Antworten auf die Fragen 48 bis 50 detailliert behandelt werden, ist das Risiko einer Depression bei Frauen fast doppelt so hoch wie bei Männern.

Weitere Risikogruppen sind:

1) allein stehende Menschen, vor allem dann, wenn sie mit ihrem Singledasein unglücklich sind;
2) Menschen, die eine chronische organische Krankheit und/oder ein kräftezehrendes Leiden haben;
3) Menschen, die unter widrigen Bedingungen jedweder Art leben; und
4) Menschen, die alkoholabhängig und/oder drogensüchtig sind.

14. Welche Risikofaktoren tragen zur Entstehung einer Depression bei?

Ein „Risikofaktor" ist ein Umstand, durch den die Wahrscheinlichkeit erhöht wird, dass eine bestimmte Krankheit oder Störung eintritt. Rauchen ist z. B. im Hinblick auf Lungenkrebs ein starker Risikofaktor. Im Hinblick auf die Depression ist – im weitesten Sinne – das Leben selbst ein Risikofaktor. Denn jeder Mensch wird in seinem Leben konfrontiert mit Ungewissheit, Unglück, Verlust und anderen Hindernissen, die seinem Glück entgegenstehen. Doch diese Feststellung ist so, wie wenn man sagte: „Die eigentliche Ursache für die Scheidung ist die Heirat." Da alle Menschen in ihrem Leben mit Schwierigkeiten konfrontiert sind, ist doch die Frage, weshalb nicht *jeder Mensch* depressiv wird.

Insgesamt spielen biologische, psychische und soziale Faktoren bei der Entstehung von Depressionen eine Rolle. Alle drei Kategorien enthalten ihre eigenen Risikofaktoren.

Biologisch gesehen, gibt es zwar kein spezifisches Gen, das eine Depression verursacht, aber es gibt eine „genetische Prädisposition", d. h. eine genetisch bedingte Anfälligkeit. Familiengeschichtliche Untersuchungen legen zwar nahe, beweisen aber nicht, dass in manchen Familien eine stärkere Anfälligkeit für Depression vorhanden ist, wenn bestimmte Stressoren auf die einzelnen Familienmitglieder einwirken. Körperliche Krankheiten stellen ein weiteres Risiko dar (siehe Antwort auf die Frage 5). Auch viele Medikamente können eine Depression auslösen, insbesondere Herzmittel. Auch die Geschlechtszugehörigkeit stellt einen Risikofaktor dar. So ist das Risiko bei Frauen, eine Depression zu bekommen, aus rein biologischen Gründen (z. B. durch hormonell bedingte Veränderungen im Körper einer Frau in der Fertilitätsphase) höher.

Vom psychologischen Standpunkt aus betrachtet, hängen die größten Risikofaktoren mit Ihrer Lebenseinstellung zusammen, insbesondere mit der Art, wie Sie Lebenserfahrungen deuten und darauf reagieren. Es besteht ein großer Unterschied zwischen unserem konkreten Erleben und der Bedeutung oder Relevanz, die wir diesem Erleben zuschreiben. Diese Beobachtung führt uns dazu, komplexe psychologische Themen zu untersuchen wie z. B. die Persönlichkeit eines Menschen, sein Temperament, seine Fähigkeiten zur Problemlösung, seine Wertvorstellungen und viele andere Aspekte seiner psychischen Funktionsweise.

Vom sozialen Standpunkt aus tritt Depression oft im Zusammenhang mit zwischenmenschlichen Beziehungen auf. Der Tod geliebter Menschen, das Zerbrechen von Liebesbeziehungen und Ehen, der Verrat durch vertraute Freunde oder Autoritätsfiguren und andere ähnliche Beziehungsprobleme können das Risiko in Bezug auf eine Depression erhöhen. Wenn zwischenmenschliche Beziehungen destruktiv und schmerzhaft sind, ist die Entstehung einer Depression weitaus wahrscheinlicher. Im weiteren Sinn stellt die Kultur, in der man lebt, auch ein Risiko dar. Die Kulturen der westlichen Hemisphäre, in denen weniger Gewicht auf Gemeinschaftsgefühl und soziale Zugehörigkeit gelegt wird, weisen tendenziell höhere Depressionsraten auf.

Weitere allgemeine Risikofaktoren sind: vorausgegangene depressive Episoden, das Erleben wiederholten sexuellen Missbrauchs, früher Verlust der Eltern, Alkohol- oder Drogenmissbrauch, die Existenz anderer ernster psychischer oder physischer Probleme und übermäßig belastende Stressfaktoren. Man muss sich aber darüber im Klaren sein, dass ein Risikofaktor zwar eine erhöhte Wahrscheinlichkeit, nicht aber eine Gewissheit darstellt.

15. Ist eine Depression überhaupt normal?

Ja. Die Tatsache, dass man als Mensch mit einem Gefühlsleben ausgestattet ist, kann je nach persönlichem Standpunkt ein Segen oder ein Fluch sein. Unsere Bandbreite an Gefühlen ist beeindruckend, und ein Teil des normalen Spektrums an Emotionen sind solche Emotionen, die schmerzhaft und zerrüttend sein können. Die Reinigung des eigenen Selbst von Emotionen ergibt zwar eine gute Basis für Romane und Filme, doch im realen Leben besteht das vernünftigere Ziel darin, zu lernen, wie man mit seinen Gefühlen sinnvoll umgeht, weil sie nämlich unvermeidlich sind. Wenn ein Mensch lernt, seine Gefühle zu erkennen und auf sinnvolle Weise zu steuern, dann ist das ein Eckstein seiner psychischen Gesundheit.

In einem Menschenleben gibt es zahllose Situationen, die Gefühle der Trauer, der Verzweiflung, des Zorns, der Resignation und andere unangenehme, aber völlig normale Gefühle hervorrufen können. Wenn ein Mensch, den Sie lieben, stirbt oder Sie verlässt, wenn Sie Ihren Arbeitsplatz verlieren, der Ihnen Ansehen und finanzielle Sicherheit gegeben hat, wenn Ihr „Lebensinhalt" verschwunden ist (wenn z. B. Ihre Kinder erwachsen sind und das Haus verlassen), wenn Sie Ablehnung, Enttäuschung, Demütigung und so viele andere potenziell verletzende Situationen erleben, dann können sich Depressionen entwickeln.

Die entscheidenden Unterschiede zwischen einer „normalen" und einer „unnormalen" Depression liegen dann in der Beantwortung der Frage: Wie schlimm wird die Depression, und wie lange wird sie anhalten? Wenn das Erleben in der Depression so mächtig ist, dass es Ihr Selbstbild und Ihr Leben auf negative Weise verzerrt, wenn es Ihre Beziehungen zu anderen Menschen unterminiert und Sie emotional distanziert und unberechenbar macht, wenn es Ihre Lebensqualität mit Apathie oder Pessimismus infiziert und Ihnen das Leben wie eine schwere Last erscheinen lässt und wenn diese Wirkungen in Ihrem Leben tagelang, wochenlang, monatelang fortbestehen, dann ist Ihr Zustand nicht mehr auf eine normale

Depression zurückzuführen. „Normal" ist es, wenn Sie nach einer verletzenden Erfahrung den emotionalen Schmerz erleben, ihn aushalten, ohne dass Sie verhängnisvolle Entscheidungen treffen, die die Situation noch verschlimmern würden, und wenn Sie nach ein paar Wochen oder Monaten über die Sache allmählich „hinwegkommen". „Normal" ist es, wenn Sie erkennen, dass schwere Zeiten zwar eintreten, aber nicht Ihren gesamten Lebenssinn bestimmen, und Sie nach dieser Erkenntnis leben.

II. Überlegungen zur biologischen Erklärung und zur medikamentösen Behandlung von Depressionen

16. WERDEN DEPRESSIONEN DURCH EIN UNGLEICHGEWICHT IM HIRNSTOFFWECHSEL VERURSACHT?

Die Antwort ist eindeutig ja und nein. Auf jeden Fall spielt die Biochemie im Gehirn bei der Depression eine Rolle. Doch die Menschen werden dazu gebracht zu glauben, dass ein Mangel an Serotonin oder an anderen im Gehirn produzierten Substanzen eine Depression verursache, und das ist einfach nur die halbe Wahrheit. Man erzählt der Allgemeinheit bezeichnenderweise viel über die Theorie des biochemischen Ungleichgewichts, denn die Pharmaindustrie ist zuallererst am Verkauf ihrer Produkte interessiert. Die Vertreter einer ausschließlich biologischen Erklärung der Depression ignorieren die enorme Menge unwiderlegbarer Beweise dafür, dass bei Depressionen weitaus mehr Aspekte beteiligt sind als nur eine „schlechte Biochemie".

Es gibt viele Gründe, weshalb derlei Informationen der breiten Bevölkerung nicht genauso zugänglich gemacht werden wie die Theorie des „biochemischen Ungleichgewichts". Allein für die Werbung für Medikamente gegen Depression gab die Pharmaindustrie z. B. im Jahr 1999 über 5 Milliarden Dollar aus. Pharmazeutische Unternehmen werben in Zeitschriften, Zeitungen und im Fernsehen für ihre Produkte und empfehlen Ihnen, dass Sie Ihren Arzt um dieses oder jenes Medikament bitten sollen, wenn Sie dieses oder jenes Symptom haben. Wahrscheinlich kann kein anderer Industriezweig mit einem so aggressiven Werbefeldzug konkurrieren, um auch andere Sichtweisen zur Geltung kommen zu lassen.

Ein weiterer Grund, weshalb die Theorie des „biochemischen Ungleichgewichts" eine so enorme Unterstützung findet, besteht darin, dass Ärzte im Allgemeinen dahin gehend ausgebildet sind, gesundheitliche Probleme biologisch zu definieren und zu behandeln. Wenn man die verschriebenen Medikamente einnimmt, gehen die Symptome der Depression oftmals auch tatsächlich zurück, zumindest für eine Weile; und dann wird die Schlussfolgerung gezogen, dass die Ursache der Depression im biochemischen Ungleichgewicht gelegen haben muss, das durch die Medikamente offenbar behoben worden ist. Doch Medikamente haben die vielfältigsten Wirkungen auf den Menschen. Es ist nicht vernünftig, davon auszugehen, dass ein Medikament das richtige Ziel getroffen haben muss, nur weil es einen Effekt hatte.

Nicht zuletzt besteht in unserer Kultur die Tendenz, dass wir uns aus unseren Problemen mit der Biologie herausreden. Es ist weitaus bequemer, eine Pille zu schlucken, anstatt selbst die Verantwortung für die Qualität seines Lebens zu übernehmen.

Das Hauptproblem bei der Erklärung, dass die Depression eine Folge eines „biochemischen Ungleichgewichts im Gehirn" sei, hängt mit der Erkenntnis zusammen, dass eine Depression durch bestimmte Lebensereignisse sowohl verursacht als auch aufgelöst werden kann. Die falsche Vorstellung ist die, dass das Gehirn auf irgendeine Weise ein biochemisches Ungleichgewicht entwickelt und dass die Folge dieses

Ungleichgewichts eine Depression ist, d. h., dass dieser Prozess nur in eine Richtung verläuft. In Wirklichkeit ist der Zusammenhang zwischen der Gehirnchemie und dem Erleben eines Menschen aber ein zirkulärer Prozess: Das Erleben wirkt sich auf die Gehirnchemie zumindest in dem Maße aus, in dem die Gehirnchemie sich auf das Erleben auswirkt. Es gibt immer mehr Belege dafür, dass durch Psychotherapie, die so genannte „Gesprächstherapie", der Hirnstoffwechsel des depressiven Menschen in einer der medikamentösen Wirkung ähnlichen Weise verändert werden kann, und zwar ohne die nachteiligen Nebenwirkungen der Arzneimittel.

Die Theorie des „biochemischen Ungleichgewichts" ist nicht falsch. Sie ist aber auch nicht ganz richtig.

17. Wenn die Theorie des „biochemischen Ungleichgewichts" nicht ganz richtig ist, weshalb ist sie dann so populär?

Von vier Personen, die an Depressionen leiden, sucht nur eine Person ärztliche Hilfe, und deshalb ist es eine Herausforderung für Nervenärzte, das Angebot an Hilfeleistungen für die Betroffenen besser verfügbar zu machen und ihnen das Ersuchen um Hilfe zu erleichtern. Also entwickelte man die Strategie, die Depression als „Krankheit" zu bezeichnen, die mit anderen Krankheiten, z. B. mit Diabetes, verglichen werden kann und für die sich die Menschen wahrscheinlich nicht selbst die Schuld geben oder die sie nicht ignorieren müssen. Diese Strategie hat bei vielen Menschen dazu geführt, die Krankheitsperspektive zu übernehmen und damit auch die zugrunde liegende Theorie, dass nämlich die Depression ein vom Gehirn ausgehendes Problem sei. Leider ist dies nicht das ganze Bild und nicht einmal der größte Teil des Bildes der Depression.

In den USA ist der Löwenanteil der Forschungsgelder für den Bereich der psychischen Gesundheit in die Arzneimittelforschung – und mithin weniger in andere Forschungsbereiche – geflossen. Die Allgemeinheit hat die Vorstellung „abgekauft", dass die Depression eine physische Krankheit sei, die man am besten mit Medikamenten behandelt. Dadurch wird die Nachfrage nach Medikamenten erhöht und das Vertrauen in Arzneimittel gestärkt, auch wenn die Pharmakotherapie vielleicht nicht für jeden Menschen die beste Lösung darstellt. Die Patienten bitten den Arzt direkt um die Verschreibung eines bestimmten Präparats, und selbst wenn ein kluger Arzt sagt: „Nein, ich glaube nicht, dass das in Ihrem Fall die beste Möglichkeit der Behandlung ist", gehen sie wahrscheinlich zum nächsten Arzt und bitten diesen um das gewünschte Rezept. Die Strategie, flächendeckend durch Werbung Kundenbedürfnisse zu wecken, hat sich für die Pharmaindustrie bis heute als erfolgreich erwiesen.

Die Vorstellung, dass der einfache Akt des Pillenschluckens das Leiden zum Verschwinden bringen wird, ist schon sehr verlockend. Doch schauen wir uns das folgende Beispiel an: Eine junge Frau hat drei kleine, anstrengende Kinder. Sie ist mit einem Mann verheiratet, der sie schlägt und mit dem ein Zusammenleben fast unmöglich ist. Die Frau ist arbeitslos und finanziell von ihrem Mann abhängig. Kurzum: Ihre Lebensumstände sind entsetzlich. Ist die Einnahme von Antidepressiva in ihrer Situation wirklich die beste Lösung? Natürlich nicht. Es ist verständlich, weshalb sie hofft, dass ein Medikament ihr helfen würde, doch es ist unrealistisch anzunehmen, dass es helfen kann. Die Depression ist ein komplexeres Problem, als der folgende Spruch suggeriert: „Täglich eine Pille, und die Depression verschwindet." Wenn die biochemischen Vorgänge im Gehirn dieser Frau verändert werden, verändert das noch lange nicht ihre Lebenssituation.

Wird die Depression auf einer rein biologischen Basis als das Ergebnis eines „biochemischen Ungleichgewichts im Gehirn" betrachtet, entzieht man dem Betroffenen die Verantwortung für seine Depression. Früher war es so – und leider sind zu viele Menschen immer noch dieser Ansicht –, dass die Depression als Zeichen persönlicher Schwäche oder eines charakterlichen Defekts angesehen wurde. Die Konsequenz war, dass dem Betroffenen die Schuld an seinem Leiden gegeben wurde. Dem Opfer die Schuld zu geben ist grundsätzlich eine schlechte Strategie, und besonders im Fall einer Depression hält es den Menschen, der leidet und Hilfe braucht, davon ab, die benötigte Hilfe zu bekommen. Die Betroffenen wollten nicht einsehen oder zugeben, dass sie depressiv waren, und folglich litten sie im Verborgenen. Wird die Depression als Krankheit definiert, gibt man der Biologie die Schuld, und das Stigma der Depression als eine persönliche Schwäche kann gemildert werden.

18. Gibt es medizinische Tests, vergleichbar einem Bluttest, mit denen man herausfinden kann, ob man depressiv ist?

Nein. Es sind bis heute keine medizinischen Tests entwickelt worden, die sich bei der Diagnose der Depression als zuverlässig erwiesen hätten. Keine Blutuntersuchung, keine Harnanalyse, keine Röntgenaufnahme vom Gehirn, kein biochemischer Test und auch kein anderer derzeit angewandter medizinischer Test kann das Vorhandensein einer Depression genau bestimmen. Die beste und zuverlässigste (wenn auch nicht vollkommene) Methode, um eine Depression zu identifizieren, ist und bleibt ein klinisch-diagnostisches Interview bei einem Arzt, der sich in der Behandlung von Depressionen auskennt.

19. GIBT ES EIN „DEPRESSIONSGEN", DAS IN MANCHEN FAMILIEN FÜR GEHÄUFT AUFTRETENDE DEPRESSIONEN VERANTWORTLICH IST?

Ja und nein. Vor Jahren, als die exakte Analyse des menschlichen Genoms noch nicht möglich war, ging man davon aus, dass bestimmte Gene bestimmte Krankheiten oder Störungen verursachten. Da wir inzwischen sehr viel mehr über Gene und ihren Einfluss auf das menschliche Verhalten wissen, können wir auch besser verstehen, wie ein so komplexes Erleben wie die Depression daraus entsteht, dass viele Gene untereinander zusammenwirken und partiell auch auf Umweltbedingungen reagieren. Diese Wechselwirkung bezeichnen wir als die „genetisch-umweltbedingte Korrelation", denn sie beleuchtet das komplexe Zusammenspiel zwischen biologischen Anfälligkeiten und dem menschlichen Erleben, das diese Anfälligkeiten fördern kann.

Man weiß, dass die Depression in manchen Familien gehäuft auftritt. Dieses Phänomen lässt sich zwar partiell mit einer genetischen Prädisposition erklären, aber das familiäre Umfeld trägt zur weiteren Erklärung bei. Es gibt kein einzelnes „Depressionsgen", das vererbt wird und einen Menschen depressiv macht.

20. WENN MAN DEM ARZT SEINE SYMPTOME EINER DEPRESSION SCHILDERT, ER ABER KEINE DEPRESSION DIAGNOSTIZIERT, HEISST DAS DANN, DASS KEINE DEPRESSION VORLIEGT?

Nein. Die Depression ist eine diagnostisch unterschätzte Störung, d. h., dass mehr Menschen an Depression leiden, als diagnostiziert werden. Manchmal berichtet der Patient dem Arzt zwar, Symptome von Depression an sich zu beobachten, dennoch lautet die Diagnose des Arztes nicht auf Depression.

Studien haben tatsächlich ergeben, dass Ärzte etwa in der Hälfte der Fälle von Depression die richtige Diagnose verfehlen. Die Gründe dafür sind jedoch durchaus verständlich. Den Ärzten stehen vielleicht nur ein paar Minuten zur Verfügung, um sich mit dem einzelnen Patienten zu befassen, und sie haben möglicherweise keine Zeit, dem Patienten die relevanten Fragen zu stellen. Manchmal müssen gleichzeitig bestehende körperliche Beschwerden des Patienten vordringlich behandelt werden. Vielleicht führt auch die Tendenz des Arztes, den leichter identifizierbaren körperlichen Beschwerden des Patienten nachzugehen, dazu, dass er eine Depression nicht diagnostiziert. Oftmals ist es auch so, dass der Arzt einfach nicht die Zeit hat, um einen wenig kommunikativen Patienten zu einem offenen Gespräch über seine Symptome zu motivieren.

Weil die Chancen, dass Ihr Arzt die richtige Diagnose stellen wird, nur fünfzig zu fünfzig stehen, sollten Sie auf keinen Fall von Ihrem Arzt erwarten, dass er Ihre Gedanken lesen kann. Sie müssen sich schon ziemlich klar ausdrücken, wenn Sie dem Arzt Ihre Symptome und Anliegen schildern. Bitte denken Sie daran, dass praktische Ärzte oder Ärzte für Allgemeinmedizin keine Experten auf dem Gebiet psychischer Störungen sind und es besser wäre, einen Nervenarzt zu konsultieren, der mit einer statistisch höheren Wahrscheinlichkeit eine zuverlässige und begründete Diagnose stellt, nachdem Ihr Allgemeinarzt somatische Ursachen Ihres Leidens ausgeschlossen hat.

21. WIE FINDE ICH HERAUS, WELCHEN ARZT ICH WEGEN ANTIDEPRESSIVA KONSULTIEREN KANN?

Nach der gegenwärtigen Gesetzeslage dürfen nur Mediziner Antidepressiva verschreiben. Ihr Arzt kann Ihnen empfehlen, Antidepressiva zu nehmen, oder er kann Sie zu einem Psychiater überweisen. Ein Psychiater ist ein Mediziner (Dr. med.) mit einer abgeschlossenen Weiterbildung in der Behandlung psychischer Störungen. Als Mediziner darf der Psychiater Arzneimittel verschreiben. Im Gegensatz dazu darf der Psychologe (im Allgemeinen Diplompsychologe oder im Fach Psychologie promoviert), der zwar eine Weiterbildung in der Behandlung psychischer Störungen hat, aber kein Mediziner ist, keine Arzneimittel verschreiben. Manche Psychiater bieten ihren Patienten sowohl Psychotherapie als auch die Verschreibung von Medikamenten an, doch weitaus mehr Psychiater verfahren auf andere Weise. Sie befassen sich mit ihren Patienten nur kurz und zu dem einzigen Zweck, Präparate zu verschreiben, den Fortschritt des Patienten zu überwachen und gegebenenfalls die Dosierung der Arzneimittel neu einzustellen. Psychologen führen Psychotherapien durch, von denen es viele verschiedene Arten gibt, die in einem späteren Abschnitt (siehe Frage 39) besprochen werden. Derzeit gibt es in den USA eine Bewegung innerhalb der Profession der Psychologen, die das Ziel verfolgt, das Recht auf Medikamentenverordnung zu erhalten. Doch bis diese Veränderung eintreten wird, dürfen nur Mediziner Medikamente verschreiben.

Wenn Sie sich entschließen, einen Psychiater zu konsultieren, um Ihre Beschwerden medikamentös behandeln zu lassen, gehen Sie zu einem Facharzt. Am besten konsultieren Sie einen Arzt, der sich auf die Behandlung von Depressionen spezialisiert hat. Wenn Sie einen Psychiater mit umfangreicher Erfahrung in der Behandlung von Depressionen aufsuchen, ist die Wahrscheinlichkeit höher, dass Sie es mit einem Spezialisten zu tun haben, der sich in der adäquaten Verwendung von Antidepressiva genau auskennt und Ihren Fortschritt natürlich besser beurteilen kann als ein Allgemeinarzt.

22. Haben Antidepressiva tatsächlich eine helfende Wirkung?

Ja. Antidepressiva können für die Mehrzahl der Menschen hilfreich sein, wenn sie die Medikamente nach Vorschrift einnehmen. Antidepressiva werden gemeinhin als das „Heilmittel" gegen Depressionen gepriesen. Tatsache ist, dass Antidepressiva eine Depression überhaupt nicht „heilen". Sie helfen dem Betroffenen vielmehr, mit seiner Depression zurechtzukommen. Antidepressiva können viele Symptome von Depression mildern oder sogar zum Verschwinden bringen, insbesondere die so genannten „vegetativen" Symptome. Dazu zählen in erster Linie körperliche Symptome wie Agitiertheit, Angst, Appetitverlust und Schlafstörungen, Libidoverlust und Verminderung der physischen Energie.

Mit der Einnahme von Antidepressiva sind Vor- und Nachteile verbunden, wie das bei der Einnahme aller Arzneimittel der Fall ist. Kein Medikament schlägt bei jedem Menschen gleich gut an. Es ist ganz normal, dass mehrere Präparate in jeweils verschiedenen Dosierungen ausprobiert werden müssen, bevor das beste Medikament für den einzelnen Patienten gefunden ist. Kein Präparat ist ohne Nebenwirkungen und potenzielle Komplikationen. Es gibt z. B. das Phänomen des Wirkungsverlusts, d. h., dass das Medikament eine bestimmte Zeit lang wirkt und dann urplötzlich keinerlei Wirkung mehr zeigt. Dies kommt aber nur gelegentlich vor.

In vielen Fällen können Antidepressiva nicht nur hilfreich sein, sondern sogar Menschenleben retten. Die Entscheidung, ob Sie Medikamente einnehmen möchten oder nicht, muss wohl überlegt sein und darf nicht reflexartig getroffen werden.

23. WOHER WEISS ICH, WELCHES ANTIDEPRESSIVUM ICH NEHMEN SOLL?

Das können Sie nicht wissen. Es ist nicht Ihre Aufgabe, ein spezielles Antidepressivum für sich herauszufinden. Es ist die Aufgabe des verschreibenden Arztes, zu bestimmen, welche Präparate in welcher Dosierung für Sie am besten sind. Er kommt zu einer Entscheidung, indem er die folgenden Faktoren berücksichtigt: Ihr Symptomprofil, Ihre Vorgeschichte bezüglich der Einnahme von Medikamenten, Ihre Reaktionen auf Arzneimittel, Wechselwirkungen mit anderen Mitteln, die Sie zu diesem Zeitpunkt vielleicht einnehmen, Ihr Alter, Ihre Körpergröße und andere Variablen. Manche Antidepressiva können indirekte Wirkungen haben (z. B. Angstgefühle dämpfen), die wünschenswert sind, und werden vielleicht aus diesem Grund verschrieben.

Auch wenn es für Sie vielleicht einfacher ist, wenn Ihr Hausarzt, Ihr Internist oder Ihr Gynäkologe Ihnen Antidepressiva verschreibt, so ist dies doch nicht empfehlenswert, weil sich diese Spezialärzte mit psychoaktiven Präparaten normalerweise nicht gut genug auskennen, um entweder eine angemessene Medikation vorzunehmen oder um eine gute Folgebehandlung zu garantieren. Am besten ist es, wenn Sie einen Facharzt konsultieren, der auf die Behandlung von Depressionen spezialisiert ist.

Auch wenn es nicht Ihre Aufgabe ist, über Art und Menge der zu verschreibenden Medikamente zu bestimmen, so ist es doch Ihre Aufgabe, eine informierte Patientin bzw. ein informierter Patient zu sein. Sie können und sollten sich über alle von Ihrem Arzt empfohlenen Präparate kundig machen. Dafür stehen Ihnen mehrere Informationsquellen zur Verfügung: Fragen Sie den verschreibenden Arzt nach geeigneter Fachliteratur; bitten Sie Ihren Apotheker um Informationen; lesen Sie über die Medikamente in Büchern nach, die in jeder Buchhandlung erhältlich sind; oder besorgen Sie sich Informationen über bestimmte Arzneimittel aus dem Internet. Sie müssen nachvollziehen können, zu welchem Zweck Sie die Arzneimittel einnehmen, welche Risiken und Vorteile mit der Einnahme von Präparaten verbunden sind, mit welchen Nebenwirkungen Sie vielleicht rechnen müssen und wie lange es erwartungsgemäß dauert, bis das Medikament Wirkung zeigt. Informieren Sie sich vor Einnahme des Medikaments über alle Gegenanzeigen (frühere Erkrankungen; andere Mittel, die Sie gerade einnehmen und sich möglicherweise mit genau diesem Antidepressivum nicht vertragen). Informieren Sie auf jeden Fall den verschreibenden Arzt, wenn Sie – auch nur leichte – Nebenwirkungen beobachten oder andere Anliegen haben. Denken Sie daran, dass Sie 50 % des Behandlungsteams sind.

24. Welche Antidepressiva gibt es, und wie wirken sie?

Antidepressiva lassen sich in mehrere Gruppen einteilen, die auf der chemischen Zusammensetzung und dem angenommenen Wirkungsmechanismus basieren. Die heute üblicherweise verschriebenen Antidepressiva gehören in die Gruppe der so genannten Serotonin-Wiederaufnahmehemmer (SSRI). Zu den Serotonin-Wiederaufnahmehemmern gehören z. B. Fluoxetin, Citalopram, Paroxetin und Sertralin. Der genaue Wirkungsmechanismus dieser Medikamente ist nicht hundertprozentig bekannt, man nimmt aber an, dass diese Mittel einen Prozess in Gang setzen, der die Konzentration des Botenstoffs Serotonin (der auch als „Neurotransmitter" bezeichnet wird, weil er als chemischer Bote zwischen den Nervenzellen oder Neuronen fungiert) erhöht. Einen Mangel an Serotonin bringt man mit der Entstehung von Depressionen in Verbindung. Die Serotonin-Wiederaufnahmehemmer bilden eine Familie der „neuen Generation" von Antidepressiva und sind in den USA erst seit 1988 (in Deutschland seit etwa 1990) in Gebrauch.

Zu den älteren Generationen von Antidepressiva gehören die „trizyklischen" Antidepressiva (die nach ihrer aus drei miteinander verknüpften Ringen bestehenden chemischen Struktur benannt sind) und die Monoaminooxidase-Hemmer (MAO-Hemmer). Diese Medikamente sind heute immer noch im Gebrauch, allerdings weitaus weniger häufig. Zu den trizyklischen Antidepressiva gehören z. B. Amitriptylin, Imipramin und Doxepin. Bei diesen Medikamenten geht man davon aus, dass durch ihren Wirkungsmechanismus die Konzentration der Neurotransmitter Norepinephrin und Serotonin im Gehirn erhöht wird. Zu den üblicherweise verschriebenen MAO-Hemmern gehören z. B. Isocarboxazid, Phenelzin und Tranylcypromin. MAO-Hemmer werden weitaus weniger häufig verschrieben, weil sie erhebliche Nebenwirkungen haben können. Der Wirkungsmechanismus der MAO-Hemmer ist auch nicht hundertprozentig bekannt, man nimmt aber an, dass sie die Konzentration des Neurotransmitters Norepinephrin und anderer ZNS-Neurotransmitter im Gehirn erhöhen.

Die Untersuchung der Serotonin-Wiederaufnahmehemmer und auch neuerer Antidepressiva, die einfach als „strukturunabhängige Zusammensetzungen" eingruppiert werden wie z. B. Bupropion, Nefazodon und Venlafaxin, nimmt in der Arzneimittelforschung einen enormen Raum ein. Ständig werden neue Medikamente gegen Depression entwickelt, und viele neue Medikamente werden in der nahen Zukunft auf den Markt kommen. Die Arzneimittelforschung arbeitet weiter daran, besser zu verstehen, wie diese Mittel wirken und welche langfristigen Risiken oder Vorteile mit ihrem Gebrauch verbunden sind.

25. WELCHE VORTEILE SIND MIT DER EINNAHME VON ANTIDEPRESSIVA VERBUNDEN?

Die entscheidenden Vorteile von Antidepressiva bestehen darin, dass sie eine breite Wirkung auf viele der typischen Symptome einer Depression haben, zu denen z. B. Schlafstörungen und Appetitverlust, verminderte physische Energie, Libidoverlust sowie Angst und Agitiertheit gehören. Wenn Sie sich auf nichts konzentrieren können und so erschöpft sind, dass Sie kaum den Tag durchstehen, dann können Antidepressiva Sie „hochheben", damit Sie sich nicht so tief unten fühlen. Wenn Sie nicht schlafen können oder keinen Appetit haben, weil Sie unter psychomotorischen Unruhezuständen leiden, dann können Antidepressiva Sie „auf den Boden holen", damit Sie das Gefühl verlieren, an die Decke gehen zu müssen.

Antidepressiva bewirken tendenziell ein schnelleres Abklingen der Symptome als eine so genannte „Gesprächstherapie", wenn der Betroffene auf die Medikamente anspricht. Wenn die Zeit als kritischer Faktor berücksichtigt werden muss, z. B. bei Suizidgefahr, oder wenn das Risiko besteht, dass der Betroffene aufgrund seiner Depression irreversible Fehlentscheidungen trifft (unter diesen Bedingungen kommt es z. B. oftmals zu Scheidungen), können Antidepressiva besonders wichtig sein. Wenn der Betroffene sogar zu depressiv ist, um Gewinn bringend an einer Psychotherapie teilzunehmen, können Antidepressiva diesem Menschen helfen, eine aktivere Rolle in seiner Therapie zu spielen, sodass die Therapie zu einem sinnvollen und hilfreichen Unternehmen wird.

Anders als bei der Psychotherapie, die weitgehend auf dem Geschick des Therapeuten basiert, ist die Verordnung eines Medikaments weniger vom Geschick des verschreibenden Arztes abhängig. Natürlich spielt es schon eine Rolle, welche Präparate in welchen Dosierungen verschrieben werden; doch dieser Vorgang ist weniger komplex als die Durchführung einer Psychotherapie.

Bei den meisten (nicht bei allen) Menschen sind die Risiken, die mit den neueren Antidepressiva verbunden sind, relativ gering, wenn die Präparate nach Vorschrift eingenommen werden. Im Allgemeinen machen diese Mittel nicht süchtig, und ich betone „im Allgemeinen", weil bei manchen Menschen die Möglichkeit besteht, dass sie nur schwer wieder davon loskommen. Und anders als die älteren trizyklischen Antidepressiva führen sie nicht zum Tode, wenn sie entweder versehentlich oder bewusst in einer Überdosis eingenommen werden.

Wenn die Einnahme von Antidepressiva zu Komplikationen führt, wie das immer wieder vorkommt, machen sich diese im Großen und Ganzen schnell bemerkbar. Das ist insofern ein Vorteil, als dem Betroffenen rasch signalisiert wird, die Dosierung zu ändern oder das Präparat zu wechseln. Ähnlich verhält es sich mit den Vorteilen, die sich im Allgemeinen relativ bald zeigen (normalerweise nach ein paar Wochen), sodass die Beibehaltung des Medikaments eine angenehme Option ist.

26. WELCHE RISIKEN SIND MIT DER EINNAHME VON ANTIDEPRESSIVA VERBUNDEN?

Während die meisten mit Antidepressiva verbundenen Risiken, statistisch betrachtet, gering sind, nutzt Ihnen diese Art von Sicherheit wenig, wenn Sie zu den wenigen Menschen gehören, die negativ auf ein Medikament reagieren. Am besten ist es, wenn Sie sich schon im Vorhinein darüber informieren, welche Probleme bei dem Medikament, das Sie einnehmen werden, entstehen können, sodass Sie die Probleme auffangen und beheben können, bevor sie wirklich beunruhigend werden.

Kein Antidepressivum kann eine bessere klinische Wirkung, d. h. einen höheren Behandlungserfolg, aufweisen als ein anderes. Diese Aussage gilt auch dann, wenn man die Wirkungen der jüngeren und der älteren Generationen von Antidepressiva miteinander vergleicht. So kommt es also wirklich darauf an, dass Sie herausfinden, welches Medikament für Sie persönlich am besten ist.

Nur zwischen 50 und 60 % der Betroffenen reagieren positiv auf das allererste Präparat, das sie ausprobieren. Auch wenn Ihr Arzt noch so versiert ist, kann er nicht im Voraus wissen, wie Ihre individuelle Körperchemie auf das verschriebene Medikament reagiert. Also sollten Sie sich möglichst auf ein paar „Versuch-und-Irrtum-Runden" einstellen, weil Sie vielleicht mehrere unterschiedliche Präparate ausprobieren müssen, bis Sie ein Medikament (oder eine Kombination mehrerer Mittel) finden, das Ihnen hilft.

Der Hauptgrund, weshalb die neueren Antidepressiva im Vergleich zu den älteren für eine große Verbesserung gehalten werden, besteht darin, dass sie bei den meisten Betroffenen weniger und schwächere Nebenwirkungen hervorrufen. Zu den häufigsten Nebenwirkungen von Antidepressiva zählen

Übelkeit, Agitiertheit, Lethargie, Libidoverlust, Schlaflosigkeit, Kopfschmerzen und Zittern. Das Risiko schwererer Nebenwirkungen besteht nur bei einem sehr kleinen Prozentsatz von Patienten. Ein wesentlicher Grund, weshalb manche Patienten ihre Medikamente absetzen – wodurch ihnen alle potenziellen Vorteile verloren gehen, die die Medikamente ihnen hätten bieten können –, besteht darin, dass sie die Nebenwirkungen nicht ertragen können.

Antidepressiva führen im Allgemeinen nicht zur Sucht, und doch kann sich bei manchen Menschen eine Gewöhnung an das Medikament einstellen. Das Präparat „funktioniert" eine Weile und dann plötzlich nicht mehr, woraufhin die Betroffenen das Medikament absetzen. Ein geringer Prozentsatz dieses Personenkreises durchläuft dann eine unangenehme „Entziehungsphase", die von den Ärzten als Absetzeffekt oder Absetz-Syndrom bezeichnet wird.

Wenn eine Frau schwanger ist oder eine Schwangerschaft plant, ist die Einnahme von Antidepressiva nicht empfehlenswert. Die potenziellen Probleme scheinen zwar minimal zu sein, denn in der Forschung hat man noch keinen Zusammenhang zwischen der Einnahme von Antidepressiva und Fehlgeburten oder Fehlbildungen beim Kind festgestellt. Doch angesichts des relativ geringen Forschungsvolumens auf diesem Gebiet ist ein vorsichtiger Umgang mit Antidepressiva das Beste.

In Deutschland sind viele Antidepressiva auch für Kinder zugelassen. Ärzte müssen wissen, dass es kaum Erkenntnisse darüber gibt, wie sich Antidepressiva auf die physische und emotionale Entwicklung eines Kindes auswirken, wenn es derlei Medikamente längere Zeit einnimmt. Auch über Serotonin-Wiederaufnahmehemmer liegen noch keine Langzeituntersuchungen (über mehr als 20 Jahre) vor, weil diese Präparate noch nicht lange genug (seit etwa 1990) auf dem Markt sind.

Vom psychologischen Standpunkt aus betrachtet, besteht ein Grundproblem bei der Verabreichung von Antidepressiva darin, dass der Patient in der Behandlung auf eine rein passive Rolle reduziert wird. Wenn dem Patienten angedeutet wird, dass „Sie nur Ihre Pille nehmen müssen, damit die Depression verschwindet", erweist man ihm einen schlechten Dienst. Auch wenn die Symptome durch die Einnahme von Antidepressiva nachlassen, werden die zugrunde liegenden sozialen und psychischen Faktoren durch Medikamente allein nicht gelöst. So bleibt das Risiko zukünftiger depressiver Episoden bestehen. Die höheren Rückfallquoten, die bei einer ausschließlich auf Antidepressiva gestützten Behandlung der Depression zu beobachten sind, stellen den Schwachpunkt medikamentöser Therapieansätze dar. Der Betroffene darf nicht nur passiv verharren und erwarten, dass er dadurch die Depression besiegen kann. Er muss dahin gehend aktiv werden, dass er seine Risikofaktoren kennen lernt und die Fertigkeiten entwickelt, die für den effizienten Umgang mit der Depression notwendig sind.

27. Machen Antidepressiva süchtig?

Wenn man Sucht in einem engen Sinne definiert, ist die Antwort auf diese Frage nein; Antidepressiva gelten nicht als Substanzen, die süchtig machen. Die überwiegende Mehrheit der Patienten, die Antidepressiva nehmen und dann die Medikamente absetzen, zeigen keine signifikanten Entzugserscheinungen. Im Allgemeinen sollten Antidepressiva jedoch nicht abrupt abgesetzt werden. Eine allmähliche, medizinisch überwachte Dosisreduktion wird bezeichnenderweise von Arzneimittelexperten empfohlen.

Manche Menschen – und wirklich nur eine geringe Anzahl – haben unangenehme Symptome, wenn sie mit der Einnahme von Antidepressiva aufhören. Zu diesem Absetzeffekt oder Absetz-Syndrom gehören Kopfschmerzen, Übelkeit, Agitiertheit und Gereiztheit. Derlei Symptome können natürlich unangenehm sein, bedenklich sind sie aber normalerweise nicht.

Die über mehr als 20 Jahre beobachteten Langzeitwirkungen von Antidepressiva z. B. aus der Gruppe der Serotonin-Wiederaufnahmehemmer sind derzeit noch nicht erforscht, weil die neueren Medikamente noch keine 20 Jahre lang auf dem Markt sind. Aus den ersten Untersuchungsdaten von Patienten, die bis zu zehn Jahre lang solche Antidepressiva eingenommen haben, gehen keinerlei ernsthafte Komplikationen, die mit der Einnahme dieser Mittel zusammenhängen, und auch keine Anzeichen eines erhöhten Suchtpotenzials hervor.

Das im Zentrum dieser Frage stehende heiklere Problem bezieht sich auf die physische und emotionale Abhängigkeit. Mit physischer Abhängigkeit ist gemeint, dass der Körper immer höhere Dosierungen eines Präparats braucht, damit ein therapeutischer Effekt erreicht wird. Physische Abhängigkeit stellt zwar im Allgemeinen kein häufiges Problem dar; ein damit einhergehendes Problem besteht aber darin, dass ein neues Medikament ausprobiert werden muss, wenn das alte Präparat nicht mehr wirkt. Aus unerklärlichen Gründen kann ein Medikament anfangs eine gute Wirkung haben, und deshalb nimmt der Betroffene dieses Präparat auch regelmäßig ein. Dann plötzlich scheint dieses Präparat nicht mehr zu wirken, und deshalb werden neue Medikamente ausprobiert. Es ist nicht bekannt, wie oft so etwas vorkommt, und man weiß wenig darüber, welche Veränderungen dabei vor sich gehen und aus welchen Gründen.

Was schließlich die emotionale Abhängigkeit betrifft, kann der Fall eintreten, dass der Patient sich emotional auf seine Medikamente verlässt und glaubt, dass „ein heiteres Gemüt in Form einer Tablette kommt". Wenn Sie ein Medikament verschrieben bekommen, ohne dass Ihnen alle Faktoren, die eine Depression beeinflussen können, erklärt werden, oder wenn man Ihnen sagt, dass Sie nur „Ihre Pille schlucken müssen, weil die Depression allein durch biochemische Vorgänge im Gehirn verursacht wird", dann können derlei Informationen Ihre Reaktionen auf das Medikament beeinflussen und eine emotionale Abhängigkeit begünstigen. Medikamente können helfen und helfen de facto auch, aber ich sage zu meinen Patienten immer: „Der Mensch besteht aus weitaus mehr als nur aus seiner Biochemie."

28. Können Antidepressiva die Persönlichkeit eines Menschen verändern?

Nein. Mithilfe von Antidepressiva können Symptome von Depression reduziert werden, und manche Antidepressiva können auch Angstsymptome reduzieren. Manche Symptome können in ihren Auswirkungen auf das Leben des Betroffenen so einschneidend sein, dass sie ihn buchstäblich im Griff zu haben scheinen. Und wenn diese Symptome dann zurückgehen oder sogar verschwinden, können die Auswirkungen manchmal ziemlich dramatisch sein. Stellen Sie sich vor, wie befreiend es sein muss, wenn Sie sich mit mehr Leichtigkeit durch das Leben bewegen können und nicht das Gefühl haben müssen, „als ob ich immer durch eine zähe Masse wate", wie einmal eine meiner Patientinnen ihren depressiven Zustand zutreffend beschrieb. Wenn Sie Ihr Leben und Ihre Energie, Ihren Humor und Ihre Geselligkeit zurückerhalten, kann das zwar wie eine dramatische Veränderung Ihrer Persönlichkeit aussehen; doch in Wirklichkeit sind die Symptome der Depression verschwunden, und was zum Vorschein gekommen ist, das sind Sie. Nicht Ihre Persönlichkeit wird sich verändern, sondern Ihre Fähigkeit, das Wesen Ihrer Persönlichkeit täglich aufs Neue zu zeigen.

29. WERDE ICH FÜR DEN REST MEINES LEBENS ANTIDEPRESSIVA NEHMEN MÜSSEN?

Wahrscheinlich nicht. Die meisten Experten befürworten einen kurzfristigen Gebrauch von Antidepressiva, im Allgemeinen zwischen sechs und 24 Monate lang, um die Symptome zu mildern und einen Impuls für eine Therapie zu geben. Manche Experten plädieren für eine mittelfristige Einnahmedauer von bis zu fünf Jahren. Nur ein paar wenige Experten befürworten eine langfristige oder sogar lebenslange Anwendung von Antidepressiva.

Die mit der Frage, wie lange Antidepressiva eingenommen werden müssen, verbundenen Unsicherheiten gehören zu den Faktoren, über die sich die Betroffenen bei einer Pharmakotherapie Sorgen machen. Doch Ärzte, die fachlich kompetent und gut informiert sind, können Ihre Beobachtungen und Ihr Feedback sowie die Vorgeschichte und Prognose Ihrer Depression nutzen, um gemeinsam mit Ihnen kluge Entscheidungen über die Behandlung Ihrer Depression zu treffen.

30. Können pflanzliche oder natürliche Antidepressiva wie z. B. Johanniskraut oder das als Nahrungsergänzung dienende SAM-Enzym helfen?

Für diese beiden Substanzen wird in manchen Ländern im Fernsehen, in Zeitungen, in Zeitschriften und im Radio enorm viel Werbung gemacht. Keine der beiden Substanzen unterliegt dem Arzneimittelgesetz, und deshalb können Werbung und Verkaufsförderung die Wirkung dieser Substanzen auch enorm übertreiben.

Können nun diese Substanzen wirklich gegen Depression helfen? Die Antwort ist ein legitimes Ja, d. h., dass es leichte Hinweise auf ihre helfende Wirkung gibt. Doch da ist auch ein „Aber". Keine der beiden Substanzen ist bis jetzt unter kontrollierten Bedingungen sehr gut erforscht worden. Die Wirkung von Johanniskraut ist in Europa, vor allem in Deutschland, erforscht worden, wo es genauso häufig verordnet wird wie Fluoxetin in den USA. Die Untersuchungen klingen zwar vielversprechend, erlauben aber noch keine endgültige·Schlussfolgerung, weil die Dosierungen und die Diagnosen der Probanden, an denen diese Studien durchgeführt wurden, zu unterschiedlich waren. In den USA führt das *National Institute of Mental Health* gerade die erste groß angelegte und gut kontrollierte Untersuchung über Johanniskraut durch. Zwischenzeitlich stellt sich das *National Institute of Mental Health* offiziell auf den Standpunkt, dass der Gebrauch von Johanniskraut zum gegenwärtigen Zeitpunkt nicht empfehlenswert sei.

Auch die Wirkung des SAM-Enzyms muss noch eingehender erforscht werden. Sowohl für das SAM-Enzym als auch für Johanniskraut gilt, dass beide Substanzen vielleicht den Menschen helfen, die an leichten Depressionen leiden, vorausgesetzt, wir glauben an die bis jetzt nachgewiesene begrenzte Wirkungskraft.

Obwohl diese Substanzen „natürlicher" Herkunft sind (Johanniskraut ist ein Pflanzenextrakt, und das SAM-Enzym ist ein natürliches Enzym, das der menschliche Körper produziert), stellen sie in künstlicher und konzentrierter Form auch Medikamente dar. Wie alle anderen Arzneimittel haben auch sie Nebenwirkungen, und manche Menschen nehmen irrtümlicherweise an, dass dies nicht der Fall sei. Die häufigsten Nebenwirkungen, die bei beiden Substanzen auftreten können, sind Lichtempfindlichkeit, Magen-Darm-Beschwerden und Benommenheit. Es dauert auch bis zu acht Wochen, bis bei diesen Mitteln eine therapeutische Wirkung einsetzt, also beträchtlich länger als bei den üblichen Antidepressiva.

Es gibt eine Art Faustregel: Wenn Sie nur eine leichte Depression haben und ein milderes Mittel den üblichen Antidepressiva vorziehen und wenn Sie den Zeitfaktor oder die Unsicherheit, ob diese Substanzen auch tatsächlich wirken, nicht für so entscheidend halten, dann stellt die Einnahme dieser natürlichen Substanzen eine vernünftige Option dar. Für diese Mittel brauchen Sie kein ärztliches Rezept, und Sie können sie in Lebensmittelgeschäften, Reformhäusern, Drogerien oder in Supermärkten bekommen.

31. Gibt es noch andere alternative Behandlungsarten, die bei Depressionen helfen?

Ja. Es gibt viele verschiedene Behandlungsarten (sie werden im Folgenden beschrieben), die von Therapeuten bei Depression empfohlen werden; diese Therapeuten leiten den Wirksamkeitsnachweis solcher Behandlungen aus der Anwendung bei ihren eigenen Patienten ab. Doch die Empfehlung eines Therapeuten ist nicht immer objektiv. Viele alternative Behandlungsmethoden sind noch nicht so ausreichend erforscht, dass man sagen könnte, ob sie tatsächlich eine Wirkung haben oder nicht.

Die folgenden Behandlungsarten finden eine gewisse Unterstützung in der Forschungsliteratur, allerdings noch nicht hinreichend genug, als dass man beurteilen könnte, ob es sich um wirklich effiziente Methoden oder Mittel handelt: Akupunktur, Entspannungsübungen, Hypnose, Kinesiologie und Bewegungstherapie, transkranielle Magnetstimulation, Johanniskraut und SAM-Enzym.

Die folgenden Behandlungsarten finden keine Unterstützung in der Forschungsliteratur: Heilströmen („Kanalisieren menschlicher Energiefelder"), Wiedergeburtsrituale, Sauerstofftherapie, Regressionstherapie, Vitamintherapie, Aromatherapie und Massage.

Werden sich einige der genannten und vielleicht weitere zur Psychotherapie oder zur medikamentösen Behandlung alternative Behandlungsarten schließlich als wirksam erweisen? Bei einigen Ansätzen ist das durchaus denkbar.

Doch das muss sich erst noch herausstellen, und grundsätzlich sollte der Betroffene selbst wachsam sein gegenüber therapeutischen Methoden.

32. Sollte eine Depression stationär behandelt werden?

Das hängt vom einzelnen Menschen und von der Situation ab, in der ein Krankenhausaufenthalt in Betracht gezogen wird. Allgemein gesprochen, sollte jemand nur dann in eine Klinik eingewiesen werden, wenn die Depression so schwerwiegend und nachteilig für das Leben des Betroffenen ist, dass eine genauere Überwachung und intensive Versorgung gerechtfertigt sind. Wenn der Betroffene sich z. B. mit Selbstmordgedanken oder suizidalen Absichten trägt oder schon einen Selbstmordversuch unternommen hat, dann kann ein stationärer Aufenthalt vernünftig und oftmals eine notwendige Wahl sein. In solchen Fällen kann das Krankenhaus zu einem lebensrettenden Zufluchtsort werden; denn es ist eine wahre Tragödie, wenn ein Mensch aufgrund einer Depression, also eines typischerweise vorübergehenden Phänomens, seinem Leben ein Ende setzt und somit eine irreversible Entscheidung trifft.

Weitere Bedingungen, unter denen ein Krankenhausaufenthalt sinnvoll sein kann, sind gegeben, wenn

1) die augenblicklichen Lebensumstände so chaotisch und absolut aufreibend sind, dass nur noch eine Besserung eintreten kann, wenn sich der Betroffene – wenn auch nur vorübergehend – diesen Zuständen entzieht;
2) die „geschlossene Abteilung" des Krankenhauses dazu beitragen kann, das Verhalten des Betroffenen zu stabilisieren („um wieder auf die Beine zu kommen") und/oder um die Einstellung auf die richtige Medikation vorzunehmen;
3) jemand einer elektrokonvulsiven Therapie unterzogen werden soll, die häufig noch als „Schockbehandlung" bezeichnet wird.

Ein stationärer Aufenthalt ist nicht ohne Schattenseiten. Krankenhäuser sind medizinische Einrichtungen, und deshalb sollte es nicht überraschen, dass der Behandlungsansatz in erster Linie medizinisch ausgerichtet ist. Psychiatriestationen oder psychiatrische Einheiten werden von Psychiatern (Medizinern) geleitet, und das Personal besteht vorwiegend aus Psychiatriepflegekräften. In den meisten psychiatrischen Krankenhäusern werden psychosoziale Interventionen zwar

mit Billigung durchgeführt und auch Berater, Entspannungs-
therapeuten und Beschäftigungstherapeuten hinzugezogen,
aber diese Interventionen sind hier immer weniger wichtig
als die Pharmakotherapie und das kontrollierte Klinikum-
feld.

Für die meisten Menschen, die an Depressionen leiden, ist
es nicht unbedingt die hilfreichste therapeutische Perspektive, wenn ihnen beigebracht wird, sich als „krank" und die
Depression als „Krankheit" zu bezeichnen, während sie passiv darauf warten, dass die Medikamente sie „heilen" werden. Manchmal kann die „Auszeit" in einem Krankenhaus
eine große Erleichterung und Erholung von den übermäch-
tigen Zwängen des Lebens darstellen. Doch manchmal trägt
ein Klinikaufenthalt dazu bei, dass der Betroffene noch
verletzter und empfindlicher auf die Belastungen reagiert,
wenn er in der „realen Welt" wieder mit ihnen konfrontiert
wird.

Die Entscheidung für eine stationäre Behandlung ist zwar
kein sonderlich radikaler Entschluss, aber ein Klinikaufenthalt ist natürlich intensiver als eine ambulante Behandlung.
Auf die meisten depressiven Menschen trifft die Kategorie
der „schweren" Depression nicht zu, daher benötigen sie
auch keine Radikalkur. Die Entscheidung für eine stationäre
Behandlung muss gut überlegt sein. Die abschließende Überlegung bezieht sich natürlich auf die Kosten eines Kranken-
hausaufenthalts. Eine stationäre Behandlung ist sehr teuer,
und ohne entsprechende Krankenversicherung ist sie fast
kaum finanzierbar. In den USA zum Beispiel übernehmen
nicht alle Krankenversicherungen die Kosten für stationäre
(oder auch ambulante) psychiatrische oder psychotherapeu-
tische Dienstleistungen. Also muss der Betroffene zuerst ab-
klären, ob solche Kosten durch seine Krankenversicherung
abgedeckt sind, damit er weiß, welche Optionen er hat. (In

Deutschland übernehmen die Psychotherapeuten diese Aufgabe, sofern sie eine Kassenzulassung haben.)

33. WAS IST EINE „SCHOCKBEHANDLUNG", UND HILFT SIE GEGEN DIE DEPRESSION?

Der Fachbegriff für die Verfahren, die man früher als „Schockbehandlung" bezeichnet hat, ist heute „elektronkonvulsive Therapie" oder Elektrokrampftherapie. Bei dieser Behandlung wird elektrischer Strom durch das Gehirn des Patienten geleitet, um künstlich einen generalisierten Krampfanfall herbeizuführen. Vor nicht allzu langer Zeit haben die negative öffentliche Meinung und relativ spärliche Studien zur konkreten Wirksamkeit von Schockbehandlungen dazu geführt, dass ihre Anwendung drastisch zurückgegangen ist. Doch in jüngerer Zeit hat die Anwendung der elektrokonvulsiven Therapie durch Psychiater wieder zugenommen, allerdings fast nur bei äußerst schweren Depressionen. Immer mehr Studien belegen, dass die Anwendung der elektrokonvulsiven Therapie bei der Behandlung schwerster Depressionen eine positive Wirkung hat, besonders bei solchen Patienten, die auf keine andere Therapie ansprechen, und in solchen Fällen, bei denen das Leben des Patienten durch die Depression potenziell gefährdet ist.

Wenn die Depression so schwer ist, dass der Betroffene aufgrund seiner Symptome in physischer Gefahr schwebt, oder wenn ein Mensch eine psychotische Depression (mit Wahnvorstellungen und Halluzinationen) durchmacht, dann kann die Elektrokrampftherapie verschrieben werden. Das gesamte Verfahren einer elektrokonvulsiven Therapie dauert mit Vor- und Nachbereitung ungefähr 20 Minuten, doch die elektrischen Impulse werden nur wenige Sekunden lang durch das Gehirn des Patienten geleitet. Die übrige Zeit wird darauf verwendet, zuerst den Patienten zu narkotisieren und die Muskeln zu entspannen und nach der Verabreichung der elektrischen Impulse den Patienten wieder aufzuwecken. Während der Behandlung ist ein Anästhesist anwesend, der die Narkose- und Entspannungsmittel verabreicht und die Atmung des Patienten überwacht, solange dieser unter Narkose ist. Auch die Gehirnströme des Patienten werden überwacht. Elektroden werden an einer Schädelhälfte des Patienten oder beidseits angelegt, und der Psychiater leitet je nach klinischer Beurteilung und Therapieplan einen schwachen elektrischen Impuls entweder durch eine (unilateral) oder beide (bilateral) Gehirnhälften. Der Patient erfährt daraufhin einen Krampf (d. h. einen Anfall), der mehrere Sekunden dauert. Mit zuvor verabreichten Medikamenten werden die auffälligsten Krampfsymptome verhindert. Im Allgemeinen sieht man von dem Krampf nur eine „Welle", die durch den Körper des Patienten geht, eine Schwingung und ein Zusammenkrampfen der Fußzehen. Kurz darauf bekommt der Patient krampflösende Mittel, und er wird wieder ins Bewusstsein zurückgeholt. Für gewöhnlich ist der Patient nach dieser Behandlung etwas desorientiert und klagt über Kopfschmerzen. Eine elektrokonvulsive Therapie wird über mehrere Wochen lang in einer Sequenz von vielleicht zehn bis 15 Einzelbehandlungen durchgeführt.

Eine Elektrokrampftherapie ist nicht ohne Risiken. Physisch betrachtet, besteht bei diesem Verfahren, weil es unter Narkose durchgeführt wird, also das gleiche Risiko (gering zwar, aber nicht irrelevant) wie bei einer Narkose während einer Operation. Neurologisch betrachtet, haben die elektrischen Impulse, die durch das Gehirn des Patienten geleitet werden, eine desorganisierende Wirkung auf das biochemische Gleichgewicht des Gehirns. Tatsächlich ist es diese desorganisierende Wirkung des künstlich herbeigeführten Anfalls, die man für das heilende Moment dieser Behandlung hält. Da sich das Gehirn in begrenztem Maße selbst reorganisiert, organisiert es sich nach dieser Behandlung mit einem neu aufgebauten biochemischen Gleichgewicht. (Doch das ist lediglich eine Theorie, denn niemand weiß genau, was eine elektrokonvulsive Therapie tatsächlich bewirkt.) Eine Folge der Behandlung ist wahrscheinlich auch, dass einige Nervenzellen im Gehirn zerstört werden. Am häufigsten klagen die Patienten nach einer Schockbehandlung über eine Beeinträchtigung des Kurzzeitgedächtnisses. Manche Patienten, die eine Elektrokrampftherapie hinter sich haben, glauben, dass sie ihr Kurzzeitgedächtnis geopfert haben, um die Depression loszuwerden. Die Meinungen darüber, ob dies ein fairer Handel sei, gehen auseinander. Doch wenn ein Mensch eine so schwere Depression hat, dass er nicht mehr essen oder aktiv sein kann und sein Leben buchstäblich in Gefahr ist, und wenn er nach der Behandlung trotz beeinträchtigten Kurzzeitgedächtnisses über seine Lebensfunktionen verfügt, dann hat sich aus der Sicht vieler Menschen die Behandlung gelohnt.

Eine Elektrokrampftherapie ist zweifellos eine extreme Behandlungsart. Einige Ärzte gehen salopper damit um als andere, aber als Patient sollte man diese Therapie wohl bedenken. Die Vor- und Nachteile einer Elektroschockbehandlung als therapeutischer Intervention müssen sorgfältig überlegt sein, bevor man eine Entscheidung trifft, ob man sich diesem Verfahren unterziehen möchte oder nicht.

III. Psychotherapie

34. Woran erkennt man, wann man eine Therapie braucht?

Die folgenden Hinweise sollen Ihnen erkennen helfen, wann Sie professionelle Hilfe brauchen:

- Wenn Sie depressiv sind und nicht wissen, weshalb das so ist und was Sie dagegen unternehmen sollen.
- Wenn Sie unter depressiven Symptomen leiden, die direkt oder indirekt Ihre Lebensqualität beeinträchtigen oder schmälern.
- Wenn Ihr depressiver Zustand sich negativ auf die Menschen auswirkt, die Sie lieben, insbesondere auf Ihren Lebenspartner/Ihre Lebenspartnerin und Ihre Kinder. Wenn andere Menschen Ihnen sagen, dass Sie professionelle Hilfe brauchen, und wenn Sie das bereits selbst wissen, sich damit aber nicht konfrontieren möchten, dann brauchen Sie wirklich Hilfe.
- Wenn die Depression Sie schon dahin geführt hat, dass Sie sich mit Todes- oder Suizidgedanken tragen (ein besonders dringender Grund, therapeutische Hilfe zu suchen).
- Wenn Sie keine Ihnen nahe stehenden Menschen haben, denen Sie sich anvertrauen und von denen Sie einen Ratschlag bekommen können, oder Menschen, die Sie aus

Ihren depressiven Gedanken und Verhaltensweisen herausholen oder davon ablenken können.

▓ Wenn Sie wiederholt depressive Episoden durchleben.

▓ Wenn Sie depressiv sind, weil sie einschneidende Lebensentscheidungen (z. B. die Scheidung einreichen, eine Arbeitsstelle aufgeben oder annehmen, das Studium abbrechen usw.) treffen müssen, und wenn Sie aufgrund Ihrer Depression vielleicht eine schlechte Entscheidung treffen, die Sie später tief bereuen würden. Bei einer Depression ist man normalerweise nicht in einem genügend guten Geisteszustand, um potenziell lebensverändernde Entscheidungen zu treffen.

Solche Signale sind deutliche Hinweise darauf, dass Sie professionelle Hilfe brauchen. Doch die normale psychische Verfassung in einer depressiven Episode ist die, dass man überhaupt nichts unternehmen möchte, nicht einmal die einfachsten Dinge, die einem helfen würden. Selbst wenn Sie keinen Finger krümmen möchten, um sich selbst zu helfen, müssen Sie einen Weg finden, damit Sie diesen inneren Widerstand gegen aktive Hilfe von außen überwinden.

Warten Sie nicht! Jeder Tag, an dem die Depression fortdauert und weiter an Ihnen nagt, ist ein weiterer Tag, der durch unnötiges Leiden verloren ist. Wenn Sie wissen, dass Sie therapeutische Hilfe brauchen, unternehmen Sie *sofort* etwas.

35. Was soll ich tun, wenn mich Gedanken an Selbstmord quälen?

Suchen Sie sofort jemanden um Hilfe auf. Die Gefahr ist nämlich die, dass Sie der Eingebung eines verzweifelten Augenblicks folgen und eine irreversible Entscheidung treffen könnten, die tragisch wäre, weil ein wertvolles Menschenleben – das Ihre – weggeworfen werden würde. In all den Jahren meiner klinischen Praxis habe ich nie einen Menschen erlebt, der wirklich sterben wollte. Ich habe aber immer wieder Menschen erlebt, die ihren inneren Schmerz nicht mehr ertragen konnten. Schwer depressive Menschen können nicht weit genug in die Zukunft blicken und sehen, dass die Situation sich wieder ändern kann – und sie kann sich wirklich ändern. Hoffnungslosigkeit ist ein Standpunkt, keine konkrete Realität. Wenn die Depression so schwer ist, dass der Selbstmord Ihnen als die bessere Alternative zum Leben erscheint, dann müssen Sie erkennen, dass mit Ihrer Wahrnehmung „etwas nicht stimmt". Suchen Sie Hilfe. Raffen Sie sich auf. Suchen Sie einen Verbündeten, der Ihnen hilft, über Ihren inneren Schmerz hinauszublicken.

Wenn Sie sich in den tiefsten Tiefen einer Depression befinden, können Sie kaum glauben, dass der innere Schmerz vorübergehen wird und das Leben eine Wende nehmen und besser sein kann, als Sie es sich vorgestellt haben. Doch es kommen auch wieder bessere Zeiten, und Sie sollten wirklich zur Stelle sein, wenn sie kommen.

36. Ist eine Psychotherapie wirklich hilfreich?

Diese Frage kann mit einem überzeugten „Ja!" beantwortet werden. Tausende von Forschungsstudien haben gezeigt, dass mehrere Formen der Psychotherapie zumindest so effizient sind wie Antidepressiva und in mancher Hinsicht sogar effizienter als Medikamente. Manche Formen der Psychotherapie haben sich für die Behandlung von Depressionen als erfolgreicher herausgestellt als andere (siehe Frage 39). Genauso wie die medikamentöse Behandlung, so ist auch die Psychotherapie geeignet, Symptome von Depression zu reduzieren und den Betroffenen zu einer positiveren Lebenseinstellung zu führen. Doch das wirklich große Plus einer Psychotherapie liegt in ihrem Potenzial, dem Patienten spezielle Fertigkeiten zu vermitteln, mit deren Hilfe sich nicht nur die Depression mildern lässt, sondern auch die Risiken späterer Rückfälle reduziert werden.

Damit eine Psychotherapie zum Erfolg führt, müssen Sie aktiv werden. Das kann für Sie zwar zu einem Kampf werden, aber Sie haben alles zu gewinnen.

37. Was versteht man unter einem „qualifizierten Psychotherapeuten"?

Ein Psychotherapeut bietet unabhängig davon, nach welcher therapeutischen Methode er arbeitet oder welchen akademischen Grad oder welche Zulassung er hat, psychologische Behandlung oder Beratung an.

In den USA wie in Deutschland müssen Nervenärzte im Allgemeinen die von den einzelnen Bundesstaaten bzw. Bundesländern erteilte Zulassung haben, um ihren Beruf ausüben zu können. Die Zulassung wird erst erteilt, wenn jemand eine abgeschlossene Hochschulausbildung an einer anerkannten Hochschule hat, dem in Deutschland immer eine Facharztausbildung folgt. Hier reicht es zu wissen, dass ein potenzieller Therapeut den Titel Facharzt für Neurologie und/oder Psychiatrie und/oder Psychotherapie führt.

Ein Psychiater ist ein Mediziner (Allgemeinarzt), der eine abgeschlossene Weiterbildung und ein besonderes Interesse an der Behandlung psychischer oder emotionaler Störungen hat. In den USA (und zunehmend auch in Deutschland) basiert die Ausbildung der Psychiater größtenteils auf dem Grundsatz, dass psychische Probleme ein Ergebnis von Fehlfunktionen des Gehirns seien. Da die meisten Psychiater glauben, dass die medikamentöse Behandlung die beste Option sei, ihren Patienten zu helfen, setzen sie sich wahrscheinlich nicht so stark für die Psychotherapie ein, wie das die im Folgenden beschriebenen Psychotherapeuten anderer Denkrichtungen tun. Doch jeder Psychiater ist auch ein Individuum; und manche Psychiater führen auch Psychotherapien durch, die sie in ihren biologisch orientierten Behandlungsansatz integrieren.

Ein klinischer Psychologe, der im Allgemeinen den Doktorgrad oder das Diplom hat, hat eine abgeschlossene Weiterbildung und ein spezielles Interesse an der Diagnose und Behandlung psychischer und emotionaler Störungen. Sein Hauptaugenmerk liegt für gewöhnlich auf den psychischen und sozialen Aspekten einer Störung, was besonders bei der Behandlung einer Depression wichtig ist. In Deutschland konzentrieren sich die meisten Psychologen auf die Erforschung und Klärung der Gedanken, Gefühle, Verhaltensweisen und Beziehungen der Person/en, die sie nach „gesprächstherapeutischen" Methoden behandeln, indem sie mit dem einzelnen Patienten sprechen und ihn zu Erkenntnissen führen.

Paar- und Familientherapeuten haben eine abgeschlossene Weiterbildung im Bereich der ehelichen und familialen Aspekte der Störungen, die sie behandeln, während die klinischen Sozialarbeiter (in Deutschland haben Sozialarbeiter keine Kassenzulassung, und als Regelverfahren wird nur analytische Psychotherapie und Verhaltenstherapie anerkannt) die Probleme, die sie behandeln, oftmals aus der Perspektive der kulturellen Einbettung des Patienten und seiner Beziehung zur Gemeinschaft sehen. Praktiker beider Therapieformen haben einen Universitätsabschluss- bzw. Fachhochschulabschluss und sind im Allgemeinen auch darin ausgebildet, Einzeltherapien durchzuführen.

Untersuchungen über die klinische Wirksamkeit von Psychotherapien haben gezeigt, dass nicht der akademische Grad des Therapeuten darüber entscheidet, ob er seine Patienten erfolgreich therapiert. Es kommt vielmehr auf die Persönlichkeit des einzelnen Therapeuten an, für seine Patienten ein gutes Lernumfeld zu schaffen, das freundlich, stützend und – was besonders wichtig ist – zielorientiert ist.

38. Wie finde ich eine gute Therapeutin bzw. einen guten Therapeuten?

Vielleicht müssen Sie eine „Marktanalyse" machen. Sie sollten nach jemandem Ausschau halten, der akademisch gut ausgebildet ist (mindestens ein Diplom hat), der als Mensch eine bejahende und empathische Einstellung hat, der eine umfangreiche klinische Erfahrung in der Behandlung von Depressionen hat, der auf dem neuesten Stand der klinischen Forschung ist, der einen guten Ruf als Psychotherapeut hat und der Ihnen eine kontinuierliche Behandlung anbieten kann.

Schauen Sie nicht einfach nur in den Gelben Seiten nach. Fragen Sie zuerst einmal Verwandte und Freunde, ob sie einen Therapeuten kennen, den sie empfehlen könnten. Fragen Sie auch Ihren Hausarzt nach einem guten Therapeuten (aber achten Sie auf die „medizinische Kollegialität", die Sie in das Behandlungszimmer eines Psychiaters oder eines Kollegen führen und unter Umständen mit einer medikamentösen Behandlung überraschen kann, die Sie nicht wollen). Rufen Sie eine Psychologenvereinigung oder sonstige Berufsverbände von Psychologinnen und Psychologen an, die Ihnen Paar- und Familientherapeuten nennen und Ihnen die Namen von Experten sagen können, die auf die Behandlung von Depressionen spezialisiert sind. In der Antwort auf die Frage 70 finden Sie einige Internetadressen.

Wenn Sie ein paar Adressen von Therapeuten gesammelt haben, rufen Sie dort an. Wahrscheinlich werden Sie einige persönliche Gespräche führen müssen, bis Sie jemanden gefunden haben, bei dem Sie sich gut aufgehoben fühlen. Wichtig ist, dass Sie mit der Therapeutin/dem Therapeuten ein kurzes (keine halbe Stunde oder länger dauerndes) Gespräch über Ihre Anliegen führen und ihr/ihm die folgenden Schlüsselfragen stellen:

1. Was für eine therapeutische Ausbildung haben Sie? Über welche klinische Erfahrung verfügen Sie?
2. Haben Sie eine besondere Ausbildung in der Behandlung von Depressionen? Wenn ja, was ist das für eine Ausbildung?
3. Wie gehen Sie im Allgemeinen bei Problemen, wie ich sie habe, vor?
4. Stehen Sie für regelmäßige Therapiesitzungen zur Verfügung?
5. Welche Erwartungen kann ich an eine Therapie bei Ihnen stellen?

6. Was kostet bei Ihnen eine Therapiestunde? Wie lange dauert eine Sitzung?
7. Nehmen Sie auch Kassenpatienten (oder nur Privatpatienten)?
8. Beziehen Sie auch die Angehörigen der Patientin/des Patienten in die Therapie ein? Wenn ja, zu welchem Zeitpunkt in der Therapie?

Wenn Sie solche Fragen stellen und sich sorgfältig die Antworten der Therapeuten anhören, werden Sie bald ein Gespür dafür bekommen, mit welchen Menschen Sie es zu tun haben und wie sie an Fälle wie den ihrigen herangehen. Wenn Ihnen eine Therapeutin/ein Therapeut zusagt, vereinbaren Sie einen Termin, den Sie dann als die nächste Stufe Ihrer „Marktanalyse" planen. Wenn Sie eine Therapeutin/einen Therapeuten von vornherein ablehnen oder nicht das Vertrauen entwickeln, dass sie/er Ihnen helfen kann, dann verabschieden Sie sich und setzen Ihre Suche nach einer anderen geeigneten Person fort. Ich weiß, dass es für einen depressiven Menschen beschwerlich ist, sich nach einer Therapeutin/ einem Therapeuten umzusehen; aber es ist enorm wichtig, die geeignete Person zu finden. Gute Therapeuten können in mehr als in einer Hinsicht lebensrettend sein.

39. Welche Art von Psychotherapie eignet sich bei einer Depression besonders gut?

Die klinische Forschung hat gezeigt, dass sich für die Bewältigung einer Depression mehrere Formen der Psychotherapie als höchst effizient erweisen. Diese Therapieformen sind die kognitive Therapie, die Verhaltenstherapie sowie die Paar- und Familientherapie.

Bei der kognitiven Therapie konzentriert man sich auf die Beziehungen zwischen Gedanken (die so genannten „Kognitionen", d. h. Erkenntnisse) und der affektiven Gestimmtheit. Depressive Menschen neigen zu negativen, schmerzhaften, quälenden Gedanken, die sowohl die Depression verursachen als auch erhalten können. In der Denkweise depressiver Menschen finden sich oftmals Irrtümer (indem sie z. B. die Dinge zu persönlich nehmen oder ohne objektive Anhaltspunkte zu schmerzhaften, negativen Schlussfolgerungen kommen), die mithilfe eines guten Psychotherapeuten, der nach der kognitiven Therapie arbeitet, identifiziert und zurechtgerückt werden können. Die nach dieser Methode arbeitenden Therapeuten bezeichnet man auch als kognitive Therapeuten.

Bei der Verhaltenstherapie konzentriert man sich auf die Verhaltensweisen, die mit einer Depression einhergehen, insbesondere auf selbstzerstörerisches Verhalten (z. B. Impulsivität, Alkoholmissbrauch oder schlechtes Zeitmanagement). Diese Behandlungsart zielt darauf ab, dem Patienten beizubringen, wie er seine Handlungen effizienter gestalten kann, sodass er wieder ein positiveres Selbstbild entwickeln kann. Therapeuten, die nach dieser Methode arbeiten, nennt man auch Verhaltenstherapeuten (in Deutschland findet man auch kognitive Verhaltenstherapeuten).

Bei der Paar- und Familientherapie konzentriert man sich auf Beziehungen, denn eine Depression ist oft mit schmerzhaften Erfahrungen im zwischenmenschlichen Bereich verbunden. Geliebte Menschen sterben, Freunde und Partner verlassen uns, und Kollegen, Vorgesetzte und Kinder machen uns manchmal verrückt. In der Paar- und Familientherapie werden Beziehungsthemen behandelt und Fertigkeiten vermittelt, die man braucht, um gute zwischenmenschliche Beziehungen aufrechtzuerhalten, um schlechte Beziehungen zu verbessern und um sich den Veränderungen in einer Beziehung anpassen zu können, wenn Ereignisse wie Tod oder Scheidung eintreten. Die nach diesem Ansatz arbeitenden Therapeuten werden auch als Paar- und Familientherapeuten bezeichnet.

Ein kenntnisreicher und versierter Therapeut kann – unabhängig von seinem akademischen Grad – eine oder vielleicht alle diese Therapieformen einzeln oder in Kombination miteinander anwenden.

Wählen Sie für Ihre Probleme die richtige Therapieart aus. Wenn Sie genau wissen oder annehmen, dass mit Ihren Gedanken „etwas nicht stimmt", suchen Sie einen Psychotherapeuten, der sich in kognitiver Therapie auskennt oder sich darauf spezialisiert hat. Wenn Ihr Verhalten Ihnen Schwierigkeiten bereitet, suchen Sie sich einen Psychotherapeuten, der sich in Verhaltenstherapie auskennt. Wenn Ihnen zwischenmenschliche Beziehungen Sorgen bereiten, suchen Sie einen Psychotherapeuten, der sich auf Paar- und Familientherapie spezialisiert hat.

40. Muss man jahrelang zur Therapie gehen, bis es einem besser geht?

Nein. Wenn das Problem eine Depression ist und gleichzeitig keine weiteren ernsthaften psychischen oder physischen Probleme bestehen, die die Dinge komplizieren, dann ist die Therapie normalerweise ein kurzfristiger Prozess. Die hauptsächlichen Therapieformen bei Depression (die kognitive Therapie, Verhaltenstherapie sowie die Paar- und Familientherapie) sind zeitlich begrenzte Behandlungen. Mit anderen Worten: Es handelt sich nicht um Therapien, die sich über Jahre hinziehen, wie es bei manchen Ansätzen in der Vergangenheit der Fall war. Der Hauptgrund für die kürzere Behandlungsdauer liegt in der Erkenntnis vieler Therapeuten, dass nicht die Kindheit eines Menschen in ihrer ganzen Tiefe erforscht werden muss, damit seine Zukunft besser gestaltet werden kann. In der Behandlung will man in erster Linie herausfinden, was getan werden muss und wie es getan werden muss, um in der Bewältigung des Problems weiterzukommen.

Die meisten Patienten brauchen ungefähr ein Dutzend Therapiesitzungen. Im Allgemeinen spüren sie schon nach ein paar Wochen eine gewisse Besserung, und nach ein paar Monaten fühlen sie sich schon viel besser. Hat sich die Depression erst einmal verzogen, sind oft noch ein paar weitere Sitzungen nötig, um einen Rückfall zu vermeiden.

Doch manchmal hat ein Patient komplexere Probleme als nur eine Depression allein. Manchmal hat jemand noch Alkoholprobleme, leidet unter Panikattacken, lebt in einer gewalttätigen Beziehung oder leidet unter zahlreichen anderen Problemen, die zumindest so drängend sind wie die Depression selbst. In solchen Fällen kann die Therapie länger dauern als nur ein Dutzend Sitzungen, damit der Patient den Berg von Problemen bewältigen kann. Doch auch hier gilt das Grundprinzip: Die Therapie soll helfen, und der therapeutische Prozess muss stetig auf spezifische Ziele hin orientiert sein.

41. Was kann man von einer Therapie erwarten?

Es ist grundsätzlich wichtig, dass Ihre Erwartungen an die Therapie realistisch sind, damit Enttäuschungen vermieden werden. Sie sollten einen kompetenten Therapeuten suchen und gemeinsam mit ihm die relevanten Erkenntnisse über

Ihre Symptome und über die vielen Faktoren erarbeiten, die zu diesen Symptomen beigetragen haben könnten. Von Ihrem Therapeuten können Sie erwarten, dass er eindeutig auf Ihrer Seite steht und ein freundlicher, unterstützender Verbündeter in der Behandlung Ihrer Probleme ist. Der Therapeut muss sich unmissverständlich darauf konzentrieren, die Symptome zu mildern und sich mit symptombezogenen Problemen zu befassen. Die Therapie muss darauf abzielen, im Patienten spezifische Fähigkeiten zu entwickeln – sei es klares Denken, effektives Verhalten und/oder Beziehungsfähigkeit –, und sie muss ein angenehmes Umfeld bieten, in dem diese Fertigkeiten besprochen und geübt werden können. Sie können erwarten, dass der Therapeut Sie darüber informiert, welche therapeutischen Ansätze infrage kommen und weshalb. Sie können von Ihrem Therapeuten erwarten, dass er Ihnen bestimmte Aufgaben erteilt („Hausaufgaben") und Ihnen geeignete Fachliteratur für die Zeit zwischen den einzelnen Sitzungen zum Lesen empfiehlt (die Sie dann auch lesen sollten!). Sie können von Ihrem Therapeuten erwarten, dass er auch andere Ressourcen nutzt (z. B. Begleitmedikation oder Empfehlung von Selbsthilfegruppen), wenn dies angemessen erscheint. Sie können erwarten, dass alles, was in der Therapie gesagt wird, streng vertraulich behandelt wird. (Die Vertraulichkeit kann nur dann durchbrochen werden, wenn der Patient sich selbst oder andere gefährdet oder wenn er zum Beispiel ein Kind oder einen älteren Menschen misshandelt.)

Sie können von Ihrem Therapeuten nicht erwarten, dass er Ihr Freund ist oder für Sie einen Elternteil ersetzt. Die therapeutische Beziehung ist vielleicht eine enge, aber sie ist und bleibt eine Arbeitsbeziehung. Und obwohl Sie von dem Therapeuten erwarten können, dass er auf Ihrer Seite steht und Ihnen beim Erreichen Ihrer Ziele hilft, können Sie von ihm nicht erwarten, dass er Sie in jeder Hinsicht stützt oder mit allem einverstanden ist, was Sie sagen. Folglich können Sie damit rechnen, dass Sie manchmal Dinge hören, die Sie nicht gerne hören, oder dass Sie zu Aktionen aufgefordert werden, die Ihnen leichtes Unbehagen bereiten; das ist aber nur dann angebracht, wenn Sie den tieferen Sinn des Erlernens einer wichtigen Fähigkeit außerhalb Ihres „Schutzraumes" erkennen können. Sie können erwarten, dass Sie – in moderaten Ausmaßen – ein wenig „gedrängt" werden.

Sie können erwarten, dass Ihr Anruf in der therapeutischen Praxis prompt beantwortet wird, aber Sie können nicht erwarten, dass spontane Therapiesitzungen über das Telefon abgehalten werden, es sei denn, die situativen Umstände sind äußerst dringend. Sie können erwarten, dass bedingungslos über alles offen gesprochen werden kann, was Ihre gemeinsame Arbeit betrifft, z. B. über Zeit, Geld, Therapieplanungen, Erwartungen, Enttäuschungen und die Qualität Ihrer Beziehung.

Kurzum: Sie können Professionalität erwarten, die im Dienste klarer therapeutischer Ziele angeboten wird.

42. Was geschieht in einer typischen Therapiesitzung?

Man redet, lässt den anderen an etwas teilhaben, informiert, konfrontiert, unterstützt, experimentiert und entwickelt. Normalerweise beginnen die Patienten die Sitzung damit, dass sie dem Therapeuten darüber berichten, was sie inzwischen anders machen oder seit der letzten Sitzung bei ihren Symptomen beobachtet haben. Manchmal haben sich zwischen den Sitzungen bedeutende Ereignisse zugetragen, von denen die Patienten dem Therapeuten berichten; manchmal geht das therapeutische Gespräch einfach an dem Punkt weiter, an dem es das letzte Mal aufgehört hat. Der Schwerpunkt des Gesprächs liegt typischerweise auf spezifischen Fähigkeiten, die der Therapeut dem Patienten beibringen möchte, und auf dem Vorschlag des Therapeuten an den Patienten bezüglich dessen, was dieser tun kann, um wirksam auf eine Frage oder ein Problem zu reagieren.

Die Qualität der Interaktion zwischen Therapeut und Patient kann je nach situativen Umständen und Behandlungsmethode ein bisschen unterschiedlich sein. Manche Therapeuten erfragen und erforschen eher Ihre Gefühle, während andere eher über Alternativen sprechen, wie Ihre anstehenden Probleme gelöst werden können. Manche Therapeuten zögern vielleicht, Ihnen direkte Handlungsanweisungen zu geben, während andere freimütig einen Aktionsplan mit Ihnen entwerfen und Sie ermutigen, diesen in die Tat umzusetzen.

Die Sitzungen dauern in der Regel zwischen 45 und 60 Minuten. In diesem Zeitraum können viele einzelne Themen angesprochen werden, oder der Schwerpunkt kann auf einem einzigen Thema liegen. Im Allgemeinen empfiehlt Ihnen der Therapeut auch eine bestimmte Lektüre oder Übungen, z. B. „Hausaufgaben", wodurch Sie unterstützt werden sollen, die Fähigkeiten zu entwickeln, die der Therapeut für Sie als hilfreich erachtet. Die Forschung in diesem Bereich belegt, dass Patienten, die „Hausaufgaben" machen, sich gründlicher und schneller erholen.

43. Macht man eher eine Einzeltherapie, oder bezieht man den Partner/die Partnerin und/oder die Familie in die Therapie mit ein?

Das ist eine Frage der Beurteilung. Wenn die Depression mit einem Problem in Ihrer Familie oder Ehe verknüpft ist, ist es am besten, die betreffenden Personen in den therapeutischen Prozess mit einzubeziehen. Dasselbe gilt auch für die Situation, wenn diese Personen durch Ihren depressiven Zustand beeinträchtigt worden sind (z. B. wenn die Kinder Ihre Aufgaben im Haushalt übernehmen mussten, weil Sie nicht handlungsfähig waren; oder wenn der Partner/die Partnerin Sie immer bei Ihrem Arbeitgeber entschuldigen musste; oder wenn Sie sich in den Elfenbeinturm zurückgezogen und die Nähe zu Ihrer Familie verweigert haben). Auch wenn Sie erkennen, dass die Einbeziehung anderer Personen in Ihre Behandlung sinnvoll ist, können Sie trotzdem die ersten Sitzungen allein mit Ihrer Therapeutin/Ihrem Therapeuten verbringen, um Ihre Probleme zu artikulieren und eine vernünftige Strategie für den Umgang mit diesen Problemen zu entwickeln. In Ihrem ersten Gespräch mit potenziellen Therapeuten können Sie Ihren Plan vorbringen, dass Sie mit einer Einzeltherapie beginnen, aber schon bald Ihre Angehörigen mit einbeziehen möchten (vorausgesetzt, diese sind – hoffentlich – zur Teilnahme bereit). Machen Sie dem Therapeuten von Anfang an klar, dass Sie weitere Personen zu Ihren Therapiesitzungen hinzunehmen möchten, denn manche Therapeuten führen nur Einzeltherapien durch. Wenn Sie diesen Punkt geklärt haben, können Sie gemeinsam entscheiden, zu welchem Zeitpunkt die anderen Personen hinzukommen sollen.

Menschen, die sich schließlich doch für eine Therapie entscheiden, haben manchmal eine gewisse Angst oder Scheu vor der Therapie oder haben ihre Entscheidung hinausgezögert. Die meisten Therapeuten sind damit einverstanden, dass ein Freund oder ein Angehöriger seinen Patienten zu den Sitzungsterminen begleitet und im Wartezimmer auf ihn wartet, wenn der Patient das so möchte. Die meisten Therapeuten sind auch bereit, alles zu tun, damit der Prozess der Erholung des Patienten beginnen kann.

44. Was passiert, wenn die Therapie abgeschlossen ist?

Wenn Sie und Ihr Therapeut der Meinung sind, dass nicht nur die Depression verschwunden ist, sondern auch die Risiken eines Rückfalls ausreichend durchgesprochen worden sind, dann können Sie die Beendigung der Therapie beschließen. Gut! Niemand sollte länger in Therapie sein, als es nötig ist. Als Nächstes beginnt die Phase der Rückkehr in ein geregeltes Leben: Sie sind ausgestattet mit neuen Erkenntnissen, einem neuen Bewusstsein und neuen Strategien, mit denen Sie den Herausforderungen des Lebens begegnen können, ohne dass Sie davon überwältigt werden und in die alten Muster der Depression zurückfallen.

Aber manchmal stellt uns das Leben doch vor das Unerwartete, und wir werden tatsächlich überwältigt. Nun ist Ihre Therapie zwar offiziell beendet, aber die Beziehung zu Ihrem Therapeuten ist auch gut entwickelt. Bevor sich die Dinge zum Schlechten wenden, bevor Sie in eine neue depressive Episode hineingleiten und bevor Sie ernsthafte Symptome ausbilden, konsultieren Sie Ihren Therapeuten, um ein paar neue Ideen zu bekommen, wie Sie diese schwere Zeit bewältigen und verhindern können, dass sich Ihr Zustand wieder verschlechtert. Ihr oberstes Ziel muss *immer* sein, Probleme so schnell wie möglich zu lösen, ihre Entstehung möglichst zu verhindern und Ihre eigenen Ressourcen einzusetzen, um die Depression in Schach zu halten. Auch wenn Sie die Therapie abgeschlossen haben, ist es in schwierigen Zeiten nicht nur realistisch, ein paar weitere Therapiesitzungen anzuhängen, sondern sogar die klügste Entscheidung. Im Grunde ist es sehr einfach, einen Weg zu finden, wie sich die Verschlechterung einer Situation verhindern lässt.

IV. Die soziale Seite der Depression

45. WELCHE SOZIALEN FAKTOREN KÖNNEN ZUR DEPRESSION BEITRAGEN?

Alle Menschen durchlaufen den Prozess der Sozialisierung und lernen dabei, wie man als Mitglied einer Familie und der Gesellschaft denkt und handelt. Die in der Sozialisation vermittelten Wertvorstellungen, die erfahrenen Belohnungen oder Bestrafungen und die tradierten Lebensanschauungen prägen Ihre Wahrnehmung von der Realität. Alle diese Erfahrungen erhöhen oder verringern die Anfälligkeit eines Menschen gegenüber Depressionen.

Die Depression existiert in einem sozialen Zusammenhang. Menschen werden von anderen Menschen beeinflusst, und auf subtile Weise, ohne es vielleicht selbst zu merken, können wir dazu beitragen, dass ein Mensch depressiv wird. Besonders auffällig ist dies, wenn sich Menschen auf missbräuchliche und unerfreuliche Weise gegenseitig Schaden zufügen (Gewalt, Vernachlässigung, Ausbeutung, Dominanz, Demütigung), was sehr schlimm ist und im Allgemeinen „zuverlässig" zur Depression führt. Doch die subtileren sozialen Einflüsse können genauso schädlich sein. Schauen wir uns doch nur die in unserer Kultur um sich greifenden Einflüsse an, die am deutlichsten von den Medien ausgeübt werden. Schauen wir uns dann die Auswirkungen unserer kulturspezifischen Besessenheit von Schlankheit, Jugend und Schönheit auf Generationen von Frauen an, die sich selbst hassen, weil sie nicht groß, blond und gertenschlank sind, oder auf Männer, die sich selbst hassen, weil sie nicht groß, schlank und durchtrainiert sind. Schauen wir uns auch die Auswirkungen der kulturell akzeptierten hohen Scheidungsbereitschaft auf die Generation junger Menschen an, die mit der Vorstellung aufwachsen, dass die für das Wochenende geplanten Besuche bei der Mutter oder dem Vater eine normale oder akzeptable Familienorganisation darstellen. Wenn wir uns schließlich die Auswirkungen jedweder gesellschaftlichen Strömung auf die Individuen anschauen, die dafür besonders empfänglich sind, dann versteht man besser, weshalb die Depression mit jedem Schritt in Richtung Verfall gesellschaftlicher und familienbezogener Werte noch rascher um sich greift.

Kein Mensch ist gegen den Einfluss anderer Menschen gefeit, und wenn der Einfluss anderer Menschen negativ ist und man sich ungerecht behandelt fühlt, ist die Depression eine durchaus normale Folgeerscheinung. Man muss auf jeden Fall wissen, dass negative gesellschaftliche Einflüsse sowohl von anonymen Quellen, z. B. von Kino und Fernsehen, als auch von persönlichen Quellen, z. B. von Eltern oder Geschwistern, ausgehen können.

46. GIBT ES DEPRESSIONEN AUCH IN ANDEREN KULTUREN, ODER IST ES DORT ANDERS?

Unabhängig davon, in welcher Kultur ein Mensch zufällig lebt oder welche Sprache er zufällig spricht, ist die Depression eine unbarmherzige Sache. Doch die Verbreitung und die Qualität von Depressionen schwanken von Kultur zu Kultur beträchtlich. Es gibt tatsächlich einige Kulturen, in denen die Depression ein relativ geringes Problem darstellt, und in anderen Kulturen stellt sie dagegen ein enormes Problem dar. In den USA wie auch in Deutschland ist die Depression ein sehr großes Problem. Entsprechend ist auch die Qualität der depressiven Symptome von Kultur zu Kultur verschieden. In China z. B. sind die Symptome der Depressionen eher physischer Art. In westlichen Kulturen dagegen haben die Betroffenen eher mit Schuldgefühlen zu kämpfen.

Aufgrund der Erkenntnis, dass es beim Phänomen der Depression kulturelle Unterschiede gibt, haben wir zum ersten Mal feststellen müssen, dass es eine völlig unangemessene Perspektive ist, wenn wir die Depression so beurteilen, als ob sie allein das biologische Problem eines Individuums sei. Jede Kultur besitzt ihre eigenen Werte, Standpunkte, Beziehungen, Bewältigungsstrategien und andere vitale Aspekte des Lebens. Aufgrund dieser Aspekte erhöht bzw. verringert sich die Wahrscheinlichkeit, dass ein Mensch in dieser Kultur an Depression leiden wird.

Interessanterweise muss man feststellen, dass die Verbreitung von Depressionen im Zuge der gesellschaftlichen Entwicklungen, wie sie in westlichen Industrienationen zu beobachten sind, ansteigt. Es sind eindeutig schädliche Einflüsse auf die psychische Gesundheit des Menschen damit verbunden, wenn der Technisierungsgrad einer Gesellschaft steigt, wenn die Menschen auf Selbstzufriedenheit und persönliches Gewinnstreben fixiert sind, sich dem Rhythmus der Natur entfremdet haben, gesellschaftlich isoliert sind, sich auf finanziellen Profit und materielles Besitztum hin orientieren und von anderen Lifestyle-Faktoren absorbiert sind.

47. WELCHE KULTURELLEN EINFLÜSSE FÜHREN ZU EINER STÄRKEREN VERBREITUNG VON DEPRESSIONEN?

In den USA und auch in den anderen westlichen Kulturen gibt es viele Faktoren, die einzeln und in Kombination miteinander zur Entstehung einer Depression beitragen können. Erstens ist bekannt, dass Menschen, die in gesunden, liebevollen, verbindlichen Beziehungen leben, weniger häufig an Depressionen leiden. Doch Beziehungen dieser Art gibt es immer weniger. Die Scheidungsrate liegt bundesweit etwa bei einem Drittel aller Ehen, und die Menschen wechseln sowohl ihren Arbeitsplatz als auch ihren Wohnort immer häufiger. Die Konsequenz ist, dass es auch die starken, stabilen Verbindungen zur Familie und zu Freunden nicht mehr gibt, was beim einzelnen Menschen direkt zur Einsamkeit, zum Unglücklichsein und zu einem Gefühl des Isoliertseins führt.

Zweitens ist es so, dass eher die Menschen von der Technik beherrscht werden, als dass sie die Technik beherrschen. Computer, Internet, Fernsehen und viele andere beachtenswerte Geräte fordern von uns viel Zeit und Energie, und das oftmals mit deprimierenden Ergebnissen. Inzwischen liegen z. B. Studien vor, in denen man die Schlussfolgerung zieht, dass die Wahrscheinlichkeit einer Depression umso höher ist, je häufiger jemand im Internet surft. Der Stellenwert zwischenmenschlicher Beziehungen und des konkreten Kontakts zu anderen Menschen sinkt deutlich, je mehr Zeit jemand vor dem Bildschirm verbringt. Gegenwärtig nimmt das Fernsehen den größten Teil der Freizeit in Anspruch. Die Menschen lassen ihr Gehirn mit gewalttätigen Bildern und geistlosen Unterhaltungen berieseln, und statt dass sie hinausgehen und mit anderen etwas unternehmen, sitzen sie zu Hause und schauen zu, wie das nach einem Drehbuch inszenierte Leben anderer Menschen abläuft.

Drittens führt die in unserer Kultur maßgebliche sofortige Bedürfnisbefriedigung („Handeln Sie *jetzt*") dazu, dass die Menschen eine immer geringere oder überhaupt keine Frustrationstoleranz mehr haben, die aber für die effiziente Problemlösung eine notwendige Voraussetzung ist. Für die meisten Dinge, die zu schaffen oder zu erlernen es sich lohnt, braucht man eben Zeit. Ohne Geduld kann man lediglich an der Oberfläche des Lebens kratzen. Eine Depression lässt sich nicht von heute auf morgen bewältigen, doch aufgrund einer geringen Frustrationstoleranz werden viele Menschen davon abgehalten, realistische Anstrengungen zu unternehmen, um die Depression zu überwinden.

Viertens führt die in unserer Kultur herrschende Leitidee, das Persönlichkeitsbild eines Menschen wichtiger zu nehmen als seine Substanz („Wählen Sie John Smith, einen stolzen Amerikaner!") dazu, dass die Menschen an komplexe Probleme mit einfachen Lösungen herangehen („Nehmen Sie Prozac!"), was bestenfalls zu einem Teilerfolg führen kann. Wenn sich dann der erwartete Erfolg nicht einstellt, interpretiert man dies als Scheitern, und die Depression ist vorprogrammiert.

Fünftens sind die Menschen heutzutage viel intensiver mit dem eigenen Selbst und mit Selbstbelohnung befasst. Je größer der Egozentrismus, desto größer ist die Wahrscheinlichkeit einer Depression. Die Menschen vergessen allzu leicht, dass es noch wichtigere Dinge im Leben gibt als die eigene

Behaglichkeit oder den persönlichen Lustgewinn. Was das Depressionsrisiko betrifft, besteht für die Menschen, die sich höheren Werten verpflichtet fühlen als nur dem eigenen Selbst, die geringere Wahrscheinlichkeit.

Natürlich gibt es noch viele andere Faktoren, die zur Entstehung von Depressionen beitragen, doch die erwähnten Aspekte sind die wichtigsten.

48. Leiden genauso viele Männer wie Frauen an Depressionen?

Nein. Zahlreiche Studien belegen, dass die Depression bei Frauen fast zweimal so häufig auftritt wie bei Männern. Aufgrund dieses geschlechtsspezifischen Unterschieds können wir einige der Faktoren, die geschlechtsunabhängig zur Depression führen, besser verstehen. Manche der Faktoren sind biologisch bedingt und hängen mit den hormonellen Schwankungen während der fruchtbaren Jahre einer Frau zusammen, z. B. mit dem Auftreten der ersten Menstruation, dem Menstruationszyklus, der Schwangerschaft und dem Klimakterium. Diese Realitäten bilden einen starken Einflussfaktor, und kein Mann läuft Gefahr, eine hormonell bedingte Schwangerschaftsdepression zu bekommen.

Doch das Leben einer Frau unterliegt noch mehr Einflüssen als nur den Gesetzen ihrer Biologie. Es gibt auch gesellschaftliche Ungleichheiten, durch die Frauen einem höheren Depressionsrisiko ausgesetzt sind als Männer. Frauen sind häufiger mit situativen Umständen konfrontiert, durch die sie zum Opfer werden, z. B. durch sexuellen Missbrauch während der Kindheit oder durch häusliche Gewalt. Frauen haben durchweg häufiger sexuelle Belästigungen zu ertragen und Benachteiligungen gegenüber Männern hinzunehmen (wie z. B. schlechtere Bezahlung für die gleiche Arbeit). Bei Frauen ist die Wahrscheinlichkeit, an der Armutsgrenze leben zu müssen oder nach einer Scheidung in finanzielle Nöte zu kommen, höher als bei Männern. Was die auslösenden Momente von Depressionen betrifft, so führen bei Frauen eher Beziehungsprobleme in die Depression, während bei Männern eher die Bedrohung ihres Status und ihres Selbstwertgefühls in die Depression führt.

Darüber hinaus wird auch die Ansicht vertreten, dass genauso viele Männer wie Frauen an Depressionen leiden und dass Männer ihren depressiven Zustand einfach anders zum Ausdruck bringen (im Allgemeinen durch „Ausagieren" über Gewalt oder Alkohol- und Drogenmissbrauch) und somit weniger oft als depressiv diagnostiziert werden. Aber woher wissen wir denn, dass tatsächlich eine Depression vorliegt, wenn keine Symptome von Depressionen vorhanden sind, sondern nur aus dem destruktiven Verhalten auf Depression geschlossen wird? Doch auf jeden Fall steht fest, dass die hormonellen Schwankungen bei Frauen ein zusätzliches Risiko darstellen, dem Männer nicht ausgesetzt sind, und dass sich damit das in zahlreichen Studien nachgewiesene kontinuierlich höhere Auftreten von Depressionen bei Frauen erklären lässt.

49. GEHEN MÄNNER UND FRAUEN UNTERSCHIEDLICH MIT DEPRESSIONEN UM?

Ja. Bei Männern und Frauen gibt es zwar einige ähnliche und einige unterschiedliche Auslöser für Depressionen, aber das Erleben in der Depression ist für beide gleichermaßen quälend. Doch im Umgang mit einer Depression besteht ein weiterer geschlechtsspezifischer Unterschied, durch den Therapeuten viel darüber gelernt haben, was zur Überwindung einer Depression erforderlich ist. Hier spricht man von „Bewältigungsstil". Frauen haben eine eher grüblerische Art, mit einer Depression umzugehen, als Männer, d. h., dass sie ihre schmerzhaften und negativen Gedanken immer wieder im Kopf herumwälzen und zugleich versuchen, ihre Gefühle und Reaktionen besser zu verstehen. Die Frage „Warum trifft es ausgerechnet mich?" ist z. B. eine potenziell grüblerische Frage. Sie impliziert keinerlei Ideen für Abhilfemaßnahmen. Männer haben eine eher aktive Art, mit einer Depression umzugehen, d. h., dass sie, wenn sie vor Problemen stehen, grundsätzlich etwas dagegen unternehmen möchten, selbst wenn die gewählte Handlungsweise absurd ist und die Dinge letztlich nur noch schlimmer macht. (Das Ziel besteht natürlich darin, vernünftig und effektiv zu handeln.)

Frauen sind zwar eher „gefühlsmäßig eingestimmt", doch der handlungsorientierte Stil der Männer ist oftmals die günstigere Reaktion auf die Depression, wenn Erholung das Ziel ist. Therapien, die nur darauf abzielen, dass der Patient seine Gefühle erforscht und zum Ausdruck bringt, haben sich immer wieder als weniger effizient erwiesen als die Therapien, die dem Betroffenen Fähigkeiten der aktiven Problemlösung anbieten. Einige Therapeuten haben auf die so genannte „Analyseparalyse" aufmerksam gemacht, die besagt, dass sich die Symptome verschlimmern, wenn jemand zu viel analysiert und nicht genügend zielorientierte Strategien verfolgt.

50. AB WELCHEM ALTER MACHEN SICH DEPRESSIONEN GESCHLECHTSSPEZIFISCH BEMERKBAR?

Etwa in der Pubertät. Bis zur Pubertät leiden Mädchen etwa genauso häufig an Depressionen wie Jungen, obwohl manche Forschungsarbeiten nahe legen, dass die Depression bei Jungen sogar etwas häufiger auftritt als bei Mädchen. Doch mit der Pubertät ändern sich die Dinge. Der Hormonhaushalt verändert sich, die Stimmung unterliegt größeren Schwankungen, und die gesellschaftlichen Erwartungen werden andere. Mädchen, die forsch, sportlich und frech waren, werden nun im Lichte ihrer weiblichen Anziehungskraft wahrgenommen. Trotz der Fortschritte der Emanzipation stehen Mädchen immer noch unter dem gesellschaftlichen Druck, einen Freund und später einen Ehemann zu finden. Viel zu oft bringt man den Mädchen bei, dass ihr Verstand weniger wichtig sei als ihr Aussehen. Die Botschaften, die den Mädchen in unserer Kultur mitgegeben werden, stärken deren Fähigkeiten nicht besonders, und es braucht ziemlich kluge und „mitdenkende" Eltern, wenn sie ihrer Tochter im Umgang mit derlei entwertenden Botschaften eine Stütze sein wollen.

Auch die Jungen haben ihr Päckchen gesellschaftlicher Ansprüche zu tragen. Einige Experten weisen darauf hin, dass die Depression bei Jungen genauso verbreitet sei wie bei Mädchen, dass sie aber bei Jungen in Aggression und andere „ausagierende" Verhaltensweisen, z. B. Drogenmissbrauch und Alkoholkonsum, umgewandelt werde. Jungen werden dazu erzogen, ihre Emotionen zu zügeln („Große Jungen weinen nicht") und mit anderen zu konkurrieren, und sind vielleicht deshalb weniger bereit, über ihre psychischen Probleme zu sprechen.

Die Wirklichkeit sieht so aus, dass alle Menschen für sich beanspruchen können, vom Leben ungerecht behandelt zu werden. Schließlich leidet jeder Mensch an irgendeiner Form einer negativen Tendenz, und niemand bekommt alles, was er sich wünscht. Das Recht, sich als Opfer zu fühlen, trägt jedoch nichts dazu bei, eine Depression zu überwinden.

V. Familie und Depression

51. Gibt es Familien, in denen Depressionen gehäuft auftreten?

Ja. Die Wahrscheinlichkeit, dass die Depression unter Verwandten des ersten Grades (Eltern, Kinder, Geschwister) auftritt, ist um das Eineinhalb- bis Dreifache höher als unter Nichtverwandten. Die Gründe dafür sind zum einen eine genetisch bedingte Anfälligkeit für Depression (siehe Teil II) und zum anderen das soziale Gepräge der Familie. Viele Hinweise sprechen dafür, dass die sozialen Faktoren, die die Entstehung einer Depression begünstigen, einen größeren Einfluss ausüben als die genetischen Faktoren

52. Wie trägt die familiäre Atmosphäre zur Entstehung einer Depression bei?

Dies geschieht durch die kontinuierlichen und sich immer wiederholenden Interaktionen in der Familie. Genauso wie ein Individuum eine besondere Grundstimmung aufweist, so ist das auch bei einer Familie. Ist die Atmosphäre der Familie ernst oder spielerisch, voller emotionaler Wärme oder emotional distanziert? Unterstützen sich die Familienmitglieder, oder konkurrieren sie stark miteinander? Tolerieren sie individuelle Unterschiede, oder negieren sie persönliches Anderssein? Setzt sich die Familie mit Problemen auseinander, oder umgeht sie Probleme?

In einer Familie heranzuwachsen bedeutet, dass man tausende von Interaktionen mit den Eltern und anderen signifikanten Personen erlebt. Jede einzelne Interaktion trägt das Potenzial in sich, spezifische Fähigkeiten oder Perspektiven zu vermitteln – oder auch nicht. Wenn ein Kind mit fordernden und perfektionistischen Eltern groß wird, kann es z. B. mit der Vorstellung aufwachsen, dass alles, was es tut, falsch oder nicht gut genug sei. Wenn ein Mensch eine solch negative Auffassung beibehält, wirkt sich diese in allem, was er versucht, schädlich aus, sei es in der Schule, am Arbeitsplatz oder in Beziehungen, was zur Entstehung einer Depression führen oder die Erholung von einer Depression verhindern kann.

Die Interaktionen in der Familie prägen das Bild eines Menschen von sich selbst und von der Welt. Durch das Feedback, das man in Form von Reaktionen anderer Menschen bekommt, wird einem mitgeteilt, was die anderen von einem erwarten, wie die anderen einen wahrnehmen, welche Äußerungen erlaubt sind und auch wie man mit dem eigenen Körper umzugehen hat. Das Selbstbild eines Menschen ist zum großen Teil (aber nicht ausschließlich) das Ergebnis der Rückmeldung durch die anderen.

Familien haben über die reine Rückmeldung hinaus auch in anderer Hinsicht das Potenzial, die Anfälligkeit für Depressionen zu erhöhen oder zu verringern. Wenn die Eltern z. B. Probleme nicht gut bewältigen können und ihren Kindern die Fähigkeiten, mit den Problemen des Lebens zurechtzukommen, nicht aktiv vermitteln, können die Kinder kaum effiziente Lebensstrategien entwickeln. Die depressiven Zustände, die heutzutage so weit verbreitet sind, entstehen zumindest teilweise dadurch, dass die Menschen von Problemen überhäuft werden und nicht wissen, wie sie diese bewältigen sollen. Schließlich geben die Wertvorstellungen, die die Eltern ihren Kindern durch Wort oder Tat vermitteln, entweder ein solides Fundament oder eins, das bei Lebensentscheidungen nicht trägt. Ob wir im Elternhaus lernen, den Wert des Geldes über den Dienst am anderen Menschen zu stellen oder den Wettbewerb höher einzustufen als die Kooperation, beeinflusst viele unserer Entscheidungen, die wir im Laufe unseres Lebens treffen, und wendet sie zum Besseren oder zum Schlechteren.

53. MEINE EHE BELASTET MICH. KANN DADURCH EINE DEPRESSION AUSGELÖST WERDEN?

Ja. Eheprobleme und Depression sind, klinisch betrachtet, auf vielfältige Weise miteinander verknüpft. In einer schlecht funktionierenden Ehe sind die Partner besonders anfällig für Depressionen; Menschen, die unglücklich verheiratet sind, haben ein mindestens zehnmal höheres Risiko, entweder schon depressiv zu sein oder depressiv zu werden. Eheprobleme machen nicht nur anfällig für Depressionen, sondern sie können eine Depression auch tatsächlich verursachen. Dafür gibt es zwar die unterschiedlichsten Gründe, aber das quälende Gefühl, in einer aussichtslosen Situation gefangen zu sein, ist ein zentrales Motiv. Depression kann auch eine Ehe belasten. Beide Richtungen sind möglich.

Von den Patienten, die zur Eheberatung kommen, ist mindestens ein Ehepartner in mindestens 50 % der Fälle depressiv. Die Ehen der Paare, die aufgrund einer Depression eine Therapie machen, befinden sich mindestens die Hälfte der Zeit in einem Zustand der Zermürbung.

Die Qualität der Ehe stellt eindeutig eine starke Kraft dar, die die Lebenseinstellung der Partner prägt. Im Zentrum der Paar- und Familientherapie stehen die Fähigkeiten, eine gut funktionierende Ehe aufzubauen und aufrechtzuerhalten.

54. WIRD DIE SCHEIDUNG MIR HELFEN, MEINE DEPRESSION ZU ÜBERWINDEN?

Das hängt davon ab, ob die Depression des Partners/der Partnerin oder beider Partner der Ausgangspunkt der Eheprobleme ist. Die Scheidung wird oftmals als eine Möglichkeit gesehen, den Eheproblemen zu entrinnen, und hin und wieder ist die Scheidung vielleicht auch das Beste, das man unter den gegebenen Umständen tun kann. Doch in vielen Fällen wäre eine Scheidung nicht nötig gewesen, wenn man vernünftig darüber gesprochen hätte, was für eine Rolle die Depression für die beiden Ehepartner gespielt hat.

In der Depression sehen die Betroffenen die Dinge weitaus negativer, als sie in Wirklichkeit vielleicht sind. Statt über die Depression nachzudenken und sich zu bemühen, sie zu überwinden, machen viele Betroffene den Partner für ihren depressiven Zustand verantwortlich, und ihre Lösung des Problems besteht dann darin, sich scheiden zu lassen. Oftmals erkennen sie dann später ihr schweres Los, dass nämlich, „wo immer sie auch hingehen, die Depression mitkommt". Wenn dann keine therapeutische Intervention erfolgt, transportieren sie ihre Depression an einen neuen Ort oder in eine neue Beziehung.

Bevor man eine Scheidung oder Trennung in Erwägung zieht und sich selbst in die enorm aufreibende Situation und die gesamte Familie ins Chaos stürzt, wäre es klüger, über den möglichen Einfluss der Depression auf seine Ehe und Familie nachzudenken. Eine Depression kann überwunden werden, und vielleicht findet die Familie für ihr weiteres Zusammenleben auch eine gemeinsame Basis, auf der vorübergehende Rückfälle gemeistert werden können. Starke und gesunde Familien schaffen es, auch in schweren Zeiten zusammenzubleiben.

Doch muss man ehrlicherweise sagen, dass es nicht immer möglich ist, die Familie zusammenzuhalten. Der entscheidende Punkt ist aber der, dass Sie die möglichen Einflüsse der Depression auf Ehe und Familie beurteilen und bei Ihrer Entscheidung berücksichtigen, bevor die Familie auseinander bricht. Denn wenn die Depression verschwindet und Sie die Dinge nicht mehr so negativ sehen, sieht die Sache bezeichnenderweise wieder viel, viel besser aus.

55. Ist eine Depression ansteckend?

Ja, aber nicht im Sinne einer durch Viren oder Bakterien hervorgerufenen Infektion, sondern in dem Sinn, dass sich Gemütsverfassungen auf andere übertragen. Durch die gute Stimmung eines Einzelnen kann sich die Stimmung der anderen aufhellen, und genauso leicht kann durch die miese Stimmung eines Einzelnen die Gemütsverfassung der anderen vergiftet werden. Alles, woran Sie Ihre Mitmenschen teilhaben lassen, wie Sie Ihre Gefühle mitteilen, was Sie sagen oder tun und wodurch Sie die anderen auf das Negative oder Positive aufmerksam machen, kann Ihre Umgebung stark beeinflussen. Und wenn jemand, z. B. ein Elternteil, permanent jammert oder die Aufmerksamkeit der anderen immer nur auf das Schlechte, Falsche, Unvollkommene lenkt, besteht die Langzeitwirkung darin, dass die anderen, vor allem Ehepartner und Kinder, nach dem gleichen Muster denken und handeln. Folglich hat die Art, wie ein Mensch mit den anderen interagiert, einen tief greifenden Einfluss darauf, wie sie ihn wahrnehmen, und dies wiederum darauf, auf welche Weise sie miteinander umgehen. Ein depressiver Mensch kann unabsichtlich, aber mühelos die anderen dahin bringen, dass sie nichts mit ihm zu tun haben oder nur noch pessimistische, depressive Menschen um sich haben wollen und sich dadurch gegenseitig entmutigen.

56. WIE SOLL SICH EIN DEPRESSIVER MENSCH DEN ANDEREN MENSCHEN GEGENÜBER VERHALTEN?

Man muss nicht unbedingt „Glückseligkeit vorspielen". Man muss auch nicht herumlaufen und giftige, negative Gedanken und Wortschwalle auf andere Menschen niederprasseln lassen, wenn man sich schlecht fühlt. Manche Menschen glauben, sie müssen „authentisch sein", indem sie sich die Freiheit herausnehmen, alle ihre Gefühle unzensiert mitzuteilen. Der Grundsatz, „seinem Herzen Luft zu machen", ist in diesem Fall kein sehr guter Ratgeber. Sie wollen mit Sicherheit nicht, dass vorübergehende Zeiten der Niedergeschlagenheit Ihre zwischenmenschlichen Beziehungen auf Dauer schädigen, nur weil Sie aufgrund Ihrer miesen Verfassung schlimme Dinge sagen, die Sie später vielleicht bereuen.

Sie sollten unbedingt die Fähigkeit beherrschen, nicht auf andere loszugehen, und Sie sollten besonders jene Menschen vor Ihrer Freudlosigkeit schützen, die Ihnen besonders nahe stehen. Wenn Sie das Bedürfnis haben, mit ihnen darüber zu sprechen, was sie verbessern oder wobei sie helfen können, ist das in Ordnung. Aber dies erreichen Sie nicht dadurch, dass Sie die anderen heftig attackieren. Natürlich sind Ihre Gefühle wichtig, aber die Gefühle der Ihnen nahe stehenden

Menschen sind es auch. Wenn die Depression Ihre Interaktionen mit den anderen zu infiltrieren beginnt und Sie spüren, dass Sie sich nicht mehr unter Kontrolle haben, ist das ein klarer Hinweis darauf, dass Sie im Umgang mit der Depression unverzüglich Hilfe brauchen.

57. SOLL MAN MIT DER FAMILIE UND FREUNDEN OFFEN ÜBER SEINE DEPRESSION SPRECHEN?

Möglicherweise. Zumindest sollten Sie darüber nachdenken, mit den Menschen, die Ihnen nahe stehen, offen über Ihre depressiven Zustände zu sprechen. Wenn diese Menschen Ihnen wirklich nahe sind, haben sie wahrscheinlich schon bemerkt, dass in Ihnen irgendetwas vorgeht, und dann können Sie den anderen helfen, die Vorgänge in Ihnen zu verstehen. So, wie Sie sich selbst kundig machen, können Sie auch die anderen darüber aufklären, was eine Depression ist, was Sie selbst konkret dagegen tun und was die anderen tun können, um Sie bei der Überwindung Ihrer Depression zu unterstützen. Diese Arbeit können Ihnen die anderen Menschen natürlich nicht abnehmen, aber sie können Sie sicherlich einfühlsam unterstützen und auch am Erholungsprozess teilnehmen. Wenn aber Ihre Familie nicht das stützende Potenzial aufbringt und Sie nur negativ abstempelt, sollten Sie sich vielleicht davor hüten, zu viel über Ihre inneren Vorgänge preiszugeben.

Der Kontrast zu dem Grundsatz, „seinem Herzen Luft zu machen", ist, dass Sie sich zurückziehen, weil Sie wegen Ihrer Depression nicht alle Familienentscheidungen zurückstellen und auch nicht alle Familienpflichten umgehen möchten. Sie möchten nicht, dass alle Familienmitglieder Sie als „krank" oder „zerbrechlich" ansehen und entsprechend behandeln.

Die Depression geht schließlich auch wieder vorbei. Reagieren Sie sensibel auf zusätzliche Belastungen, denen die Familie bei der Bewältigung Ihrer Depression vielleicht ausgesetzt ist, aber übertreiben Sie nicht, damit Sie sich wegen Ihrer Reaktion nicht schuldig fühlen müssen. Das kann nämlich keine Hilfe sein. Akzeptieren Sie die Auswirkungen der Depression auf Ihre Mitmenschen, und Sie werden wahrscheinlich mehr Unterstützung erhalten als Unwille ernten.

Genau aus diesen Gründen ist eine therapeutische Begleitung hilfreich. Ein erfahrener und kompetenter Therapeut, der Ihre Erholung beschleunigen kann und der Ihre Last mit Ihnen teilt, sodass Sie die anderen nicht zu stark belasten müssen, kann Ihre Situation grundlegend verändern. Wenn Sie Ihre negativen Gefühle einem Experten mitteilen können, statt sie auf Ihren Mitmenschen „abzuladen", kann Sie das davor bewahren, dass Sie wichtige zwischenmenschliche Beziehungen ernsthaft schädigen. Wenn ein Therapeut Ihre Familie zu einem Gespräch zusammenbringen kann, um sensible Themen in einer sicheren, kontrollierten Atmosphäre miteinander zu besprechen, ist das möglicherweise von unschätzbarem Wert.

Depressionen müssen direkt angegangen werden. Sprechen Sie darüber, aber *tun* Sie auch unbedingt etwas dagegen. Das Sprechen über die Depression allein reicht nicht aus.

58. KANN MAN DIE EIGENEN KINDER DAVOR SCHÜTZEN, DEPRESSIV ZU WERDEN?

Bis zu einem gewissen Grad, ja. Es gibt familiäre Grundstimmungen und Interaktionen, aufgrund derer sich die Anfälligkeit gegenüber Depressionen erhöhen oder verringern kann. Dieses Thema ist eines der wichtigsten überhaupt, denn es macht auf die Tatsache aufmerksam, dass Depressionen sowohl bei Kindern als auch bei Erwachsenen in hohem Maße verhindert werden können.

Doch man muss spezielle Fertigkeiten beherrschen, wenn man Depressionen vorbeugen möchte. Wenn Eltern nachhaltig wirken wollen, müssen sie ein Rollenbild für effizientes problemlösendes Verhalten anbieten, indem sie insbesondere vorführen, wie Probleme rasch, einfühlsam und mit vorausschauendem Blick (also die Konsequenzen des Handelns antizipierend) angegangen werden können. Sind die Eltern ein Vorbild für Passivität, Aufgeben, blindes Losgehen auf andere Menschen oder für Rückzug aus dem Leben, dann ist das ein schlechtes Beispiel dafür, wie man mit persönlichen Problemen umgeht. Wenn Sie in Ihren Äußerungen und Handlungen eine gewisse Besonnenheit vorleben, wenn Sie trotz schrecklicher Gemütsverfassung immer auch eine gewisse Fürsorglichkeit für die anderen zeigen und wenn Sie eine gewisse Fähigkeit in der Auseinandersetzung mit der Depression bekunden, erhöhen sich dadurch die Chancen, dass Ihre Kinder effiziente Strategien der Lebensbewältigung erlernen. Außerdem können Sie Ihren Kindern umso mehr darüber beibringen, wie man sich selbst und seinem Leben klare Strukturen gibt, je mehr Zeit Sie mit ihnen verbringen und über ihre Gefühle und Wahrnehmungen herausfinden. Die beste Prävention besteht darin, den Kindern klare Denkmuster anzubieten, aus denen heraus sie verstehen können, dass sie z. B. nicht an der Depression der Mutter oder des Vaters schuld sind und sich das Schicksal ihrer Eltern an ihnen auch nicht wiederholen muss. Weitere wichtige Fähigkeiten, durch die Eltern ihre Kinder vor depressiven Zuständen schützen können, sind die Impulskontrolle und die Fähigkeit, seine Sichtweisen öfters einer Realitätsprüfung zu unterziehen („Woher weiß ich, dass das stimmt?"). Kinder (und auch Erwachsene) müssen erkennen, dass der reine Vorgang des Denkens oder Fühlens noch keine Realitäten schafft.

59. WIE GEHT MAN MIT EINEM DEPRESSIVEN ANGEHÖRIGEN UM?

Mitfühlend, liebevoll und bestimmt. Das Letzte, was der Betroffene brauchen kann, ist, dass man ihm die Schuld an seiner Depression gibt. Kein Mensch wird aus freien Stücken depressiv oder verharrt in der Depression, weil es sich lohnen würde. Es liegt in der Natur depressiver Menschen, dass sie passiv sind und wenig tun, um sich selbst zu helfen. Eine falsche Vorstellung von der Hilflosigkeit eines depressiven Menschen führt bei den Angehörigen und Freunden oftmals zu Frustration und auch Wut, weil sie sich wünschen, dass der Betroffene endlich „aus der Depression rauskommt" und „sein Leben weiterlebt". Doch eine solche Reaktion kommt der Aufforderung an einen depressiven Menschen gleich, „fröhlich zu sein" und „die Dinge von der heiteren Seite zu nehmen". Das ist zwar ein gut gemeinter Ratschlag, aber er macht die Dinge einfach nur noch schlimmer.

Ein paar „Gebote" und „Verbote" können hier von Nutzen sein. Kritisieren Sie nicht, was der depressive Mensch falsch macht. *Sprechen* Sie lieber mit ihm darüber, was anders oder besser gemacht werden kann. Geben Sie ihm nicht die Schuld an seiner Depression. *Sprechen* Sie lieber mit ihm darüber, wie Abhilfemaßnahmen entwickelt werden können. Wiegen Sie sich nicht in der Annahme, überhaupt nichts mit dem Problem zu tun zu haben. *Überprüfen* Sie lieber, ob Sie auf irgendeine Weise an dem Problem beteiligt sind. Würgen Sie ein Gespräch über depressive Gefühle nicht ab. *Erkennen* Sie lieber, wie weit Sie die Last des depressiven Menschen gemeinsam mit ihm tragen können. Bevormunden Sie ihn nicht, und behandeln Sie ihn nicht wie einen „Kranken". *Ermutigen* Sie ihn lieber dazu, dass er das, was er ohne fremde Hilfe tun kann, auch wirklich tut. Halten Sie ihn nicht davon ab, bei anderen Menschen Hilfe zu suchen. *Helfen* Sie ihm lieber, einen guten Therapeuten zu finden, und nehmen Sie auch an der Behandlung teil, wenn er das wünscht. Behandeln Sie den depressiven Menschen nicht von oben herab. *Seien* Sie lieber tolerant. Bedrängen Sie ihn nicht zu sehr mit Fragen. *Sondieren* Sie lieber mäßig. Ignorieren Sie die Symptome der Depression nicht. *Sprechen* Sie lieber offen darüber, und schildern Sie Ihre Beobachtungen einem Therapeuten in klaren Worten. Geben Sie nicht auf. *Bleiben* Sie lieber am Ball, und probieren Sie verschiedene Vorgehensweisen aus. Lassen Sie es nicht zu, dass der depressive Mensch zu Hause versackt und nichts mehr unternimmt. *Rütteln* Sie ihn lieber auf, sodass er aktiv am Leben teilnimmt. Lassen Sie es nicht zu, dass die Depression eines anderen Menschen Ihr Leben bestimmt. *Erhalten* Sie die Qualität Ihres eigenen Lebens.

Man hat schwer daran zu tragen, wenn ein geliebter Mensch depressiv ist. Man möchte diesem Menschen helfen und ihn beschützen. Doch alles, was Sie wirklich tun können, ist, dass Sie diesen Menschen lieben und unterstützen und sich auf das gemeinsame Leben nach der Depression konzentrieren.

60. WIE BRINGT MAN EINEN DEPRESSIVEN ANGEHÖRIGEN DAZU, PROFESSIONELLE HILFE ANZUNEHMEN?

Diese schwierige Frage ist nicht leicht zu beantworten. Obwohl ich ein erfahrener klinischer Psychologe bin, können meine Patienten meine größten Anstrengungen allein dadurch zunichte machen, dass sie einfach passiv sind und überhaupt nichts tun.

Nur etwa jeder vierte depressive Mensch sucht jemals Hilfe bei einem Experten. Manche Menschen verweigern professionelle Hilfe, weil sie damit eine Stigmatisierung verbinden („Ich bin doch nicht verrückt!"), manche Menschen haben Angst vor einer Therapie („Und wenn die mich in der Klinik festhalten oder ich Medikamente bekomme, die mein Wesen verändern?"), aber in den meisten Fällen verhindert die Depression selbst, dass die Betroffenen professionelle Hilfe suchen („Weshalb soll ich etwas tun? Mir kann ja doch keiner helfen"). Hoffnungslosigkeit, die zu Apathie führt, ist die häufigste Gemütsverfassung von Menschen, die an Depressionen leiden. Sie reden sich ein, dass ihnen niemand helfen könne, und begehen dann den schwerwiegenden Fehler, dass sie dies auch noch glauben.

Es kommt darauf an, den richtigen Zeitpunkt zu finden. Wie viel Leiden nimmt ein Mensch auf sich, bevor er Hilfe annimmt? Manche Menschen konsultieren schon beim ersten heftigen Zipperlein unverzüglich den Arzt, während andere Menschen schon beinahe im Sterben liegen müssen, bevor sie zum Arzt gehen. So ist also das Erste, was Sie dem depressiven Familienmitglied sagen sollten, sinngemäß etwa Folgendes: „Ich mache mir große Sorgen um dich. Du bist eindeutig depressiv, und offensichtlich leidest du auch darunter. Ich weiß nicht, was ich tun kann, um dir zu helfen, und ich glaube, wenn du wüsstest, wie du dir helfen kannst, würdest du es auch tun. Bevor sich die Sache verschlimmert und unser gemeinsames Leben Schaden nimmt, sollten wir jemanden um Rat fragen, der weiß, wie man mit solchen Problemen umgeht." Der Kern dieser Botschaft lautet: „Weil wir nicht wissen, was wir in diesem Fall tun sollen, wollen wir jemanden suchen, der uns helfen kann, statt dass wir unnötig leiden." Der entscheidende Punkt ist dabei, dass nicht die Botschaft vermittelt wird, „Du bist krank" oder „Du bist ja vollkommen verrückt", sondern die Botschaft: „Wir brauchen Hilfe, um das Problem bewältigen zu können. Ich bin bei dir."

Wie weit würden Sie gehen, um einen Angehörigen dazu zu bringen, professionelle Hilfe anzunehmen? Und an welchem Punkt werden Sie aktiv? Bitten Sie einen Freund darum, dass er dem depressiven Familienmitglied vorschlägt, einen Therapeuten zu konsultieren? Vielleicht. Rufen Sie die ganze Familie zusammen, damit sie dem depressiven Angehörigen gemeinsam mitteilt, dass er Hilfe braucht? Vielleicht. Bitten Sie Ihren Hausarzt darum, dass er mit dem depressiven Familienmitglied spricht? Vielleicht. Gibt es noch andere Menschen, auf die der depressive Angehörige hört und die helfen könnten? Möglicherweise. Wie wichtig es ist, die eigene Hilflosigkeit zu überwinden und aktiv zur Selbsthilfe zu schreiten, kann nicht genug betont werden. Also müssen Sie es so lange versuchen, bis Sie – hoffentlich – einen Weg finden. Doch denken Sie immer daran, dass Sie niemanden zu einer freiwilligen Behandlung zwingen können.

VII. Depression bei Kindern und Jugendlichen

61. WOHER WEISS ICH, OB MEIN KIND DEPRESSIV IST ODER „EINFACH NUR EINE ENTWICKLUNGSPHASE DURCHMACHT"?

Die Zahl der Kinder und Jugendlichen, die an Depressionen leiden, wächst derzeit am schnellsten von allen, die unter Depression leiden. Vor noch nicht allzu langer Zeit haben die Nervenärzte die Depression bei Kindern insgesamt ignoriert, weil sie annahmen, dass Kinder noch zu jung und emotional unentwickelt seien, um eine „echte" Depression bekommen zu können. Wie schrecklich falsch war diese Annahme. Kinder können tatsächlich depressiv werden, und wenn sie depressiv sind, gleichen die Symptome denen depressiver Erwachsener: Traurigkeit, Apathie, Hoffnungslosigkeit und Gefühle der Hilflosigkeit, sozialer Rückzug, Gereiztheit und Verhaltensweisen des „Ausagierens" (z. B. Aggression). Das Kind, das man für glücklich und umgänglich gehalten hat, zeigt sich weniger mitteilsam und lacht kaum noch. Die Dinge, die es früher gemocht und an denen es sich erfreut hat, rufen kein Lachen oder keine Begeisterung mehr hervor. Das Kind, zu dem immer die Freunde zum Spielen gekommen sind, zieht sich zurück oder kommt nach Hause und sagt: „Niemand mag mich." Das Kind, das immer häufiger Wutanfälle bekommt, das schmollt und sich beklagt: „Das Leben ist nicht gerecht", oder das extreme Verhaltensweisen zeigt, muss näher in Augenschein genommen werden.

Kinder sind von den Erwachsenen abhängig und deshalb empfänglicher für die Einflüsse von Erwachsenen, über die sie nur wenig oder überhaupt keine Kontrolle haben. Hier sei noch einmal der bereits genannte Punkt erwähnt, dass alles, was einen Menschen potenziell zum Opfer machen kann, ihn potenziell auch depressiv machen kann. Wenn also ein Kind von einem Elternteil abhängt, der eine schwere Depression hat, oder einer üblen Scheidungsprozedur ausgesetzt ist, dann besteht für das Kind ein erhebliches Risiko, sich durch unkontrollierbare Situationen beeinträchtigt zu fühlen. Doch wenn man das Kind fragen würde: „Was fehlt dir denn?", dann wäre die Antwort höchstwahrscheinlich: „Nichts." Doch dieses Problem sollten Sie auf keinen Fall unterschätzen.

Der wichtigste Punkt, den man hier bedenken muss, ist folgender: Wenn die Depression bereits in der Kindheit auftritt, dann ist die Wahrscheinlichkeit dramatisch höher, dass sich die depressiven Episoden später wiederholen, und möglicherweise wird jede Episode etwas schwerer als die vorausgegangene. Folglich ist der beste und umsichtigste Ratschlag der, dass Sie Ihr Kind von fachkundigen Nervenärzten untersuchen lassen. Wenn Sie zuwarten und glauben, dass sich die Sache schon auswachsen wird, bekommen Sie vielleicht in ein paar Wochen oder Monaten die Belohnung in der Form, dass sich Ihr Kind wieder im „Normalzustand" befindet. Doch wenn eine Depression, ob bei Erwachsenen oder bei Kindern, unbehandelt bleibt und selbst wenn sie von alleine wieder abklingt, besteht ein größeres Risiko späterer Rückfälle.

Wenn sich ein Kind die zuvor beschriebenen Fähigkeiten, d. h. die kognitiven und die im zwischenmenschlichen Bereich wichtigen Fähigkeiten, aneignen kann, die es braucht, um klare Denkmuster entwickeln und erfolgreich mit anderen Menschen umgehen zu können, dann ist die Wahrscheinlichkeit, schwierige Zeiten leichter überstehen zu können, weitaus höher. Entsprechend sinkt das Risiko späterer Rückfälle. Wenn Sie den Eindruck haben, dass mit Ihrem Kind etwas nicht stimmt, sollten Sie lieber sofort etwas unternehmen und nicht erst später.

62. ERHÖHT EINE SCHEIDUNG DER ELTERN DIE ANFÄLLIGKEIT VON KINDERN FÜR DEPRESSIONEN?

Ja. Trotz der idealistischen Vorstellung von Eltern, sie könnten sich scheiden lassen, ohne ihre Kinder in Mitleidenschaft zu ziehen, weisen langfristige Untersuchungen zwingend darauf hin, dass durch eine Scheidungssituation die Kinder einem höheren Risiko ausgesetzt sind, depressiv zu werden und noch andere Probleme zu bekommen. Kinder brauchen zwei möglichst liebevolle und lebenspraktische Elternteile, und der Preis ist hoch, wenn die Kinder nicht mehr beide Elternteile zusammen haben. Es ist kein Zufall, dass heute die größte Bevölkerungsgruppe von depressiven Menschen, die großen Wert auf persönliche Vorteile legen und z. B. die Familie auflösen, wenn sie nicht mehr ins Konzept passt, die am schnellsten wachsende Bevölkerungsgruppe depressiver Menschen großzieht.

Jüngere Kinder geschiedener Eltern haben häufiger Probleme in der Schule, zeigen Verhaltensauffälligkeiten und haben mehr Konflikte mit ihren Altersgenossen. Die Scheidung der Eltern wirkt sich auf ältere Kinder noch einschneidender aus, denn bei Jugendlichen besteht die Gefahr, dass sie sich vom Leben enttäuscht fühlen, die Schule abbrechen, arbeitslos werden, zu früh sexuelle Kontakte aufnehmen und – wenn sie Mädchen sind – schwanger werden. Insbesondere minderjährige Mütter sind höchst anfällig für Depressionen, weil sie von ihren elterlichen Pflichten erdrückt werden, mit denen sie aufgrund ihrer Unreife nicht umgehen können, und weil zugleich ihr normaler sozialer Entwicklungsverlauf gestört ist.

Je zermürbender die Ehe vor dem Entschluss zur Scheidung war, desto feindseliger wird das Scheidungsverfahren, und desto intensiver ist jeder Elternteil mit der Bewältigung seiner eigenen Gemütsverfassung in einem so schmerzhaften Übergang beschäftigt, und desto größer ist das Risiko für die Scheidungskinder. Wenn Eltern sich zur Trennung oder Scheidung entschließen, müssen sie wissen, dass sie ihre Kinder nie instrumentalisieren dürfen und dass sie die Kinder aus ihren eigenen Konflikten heraushalten müssen; außerdem müssen sie dafür Sorge tragen, dass die Kinder ein stützendes Netzwerk von Menschen haben, die ihnen helfen, mit ihren Gefühlen und Bedürfnissen in und nach diesen schweren Zeiten umzugehen. So hilfreich diese Hinweise im Falle einer Trennung oder Scheidung auch sein mögen, besteht das Ziel idealerweise doch darin, die Einheit der Familie möglichst zu bewahren.

63. Was sollen die Eltern tun, wenn sie sich nicht darüber einigen können, ob ihr Kind Hilfe braucht?

Es lässt sich nicht vermeiden, dass ein Elternteil dazu neigt, ein Problem zu überschätzen, während der andere Elternteil dazu neigt, genau dieses Problem zu unterschätzen. Schließlich gibt es zwei unterschiedliche Wahrnehmungsarten, die immer wieder auftauchen, sobald eine gemeinsame Entscheidung getroffen werden muss. Doch wenn es bei der Entscheidung um ein Kind geht, entsteht oft die Situation, dass ein oder beide Elternteile die Schwere des Problems eher unterbewerten; denn es ist eine starke emotionale Belastung, wenn man sich eingestehen muss, dass das eigene Kind vielleicht ein ernstes Problem hat und professionelle Hilfe braucht. Viele Therapeuten sprechen hier von „Leugnung", womit der wahrnehmungsbezogene Kunstgriff gemeint ist, durch den ein Problem so bagatellisiert wird, dass die Auseinandersetzung damit nicht mehr gerechtfertigt ist. Bevor ein oder beide Elternteile einem solchen Muster der „Leugnung" aufsitzen, sollten sie sich lieber die Frage stellen: „Woher wissen wir, dass das Problem, das wir wahrnehmen, ernst bzw. nicht ernst ist?" Wenn Sie diese Frage nicht objektiv beantworten können und einfach nur „das Gefühl haben", dass das Problem nicht ernst ist, dann ist es Ihre Aufgabe, eine objektive Meinung von einer fachkundigen Person einzuholen.

In einer solchen Situation muss man einschätzen können, ob ein oder beide Elternteile in der Wahrnehmung „blockiert" sind. Schließlich steht das Wohl des Kindes auf dem Spiel. Es ist natürlich wahr, dass Sie das Kind nicht wegen jeder Lappalie zum Arzt schleppen möchten; wahr ist aber auch, dass Sie ein Problem, das vielleicht größer wird, wenn man es unterschätzt oder ignoriert, nicht bagatellisieren möchten. Auch wollen Sie das Wohl des Kindes nicht einfach dadurch aufs Spiel setzen, dass es Ihnen lästig ist, mit dem Kind zum Therapeuten zu gehen. Sie brauchen keine Angst zu haben, dass man Ihnen die Schuld an dem Problem des Kindes gibt, und Sie müssen sich auch keine Sorgen wegen einer Stigmatisierung oder negativer Urteile anderer Menschen machen. Konzentrieren Sie sich darauf, dass es Ihrem Kind besser gehen soll.

Zwei Elternteile zu haben, die sich über die nächsten Schritte einig sind, ist zwar ideal, aber möglicherweise nicht realisierbar. Das Mindeste, was Sie tun können, ist, dass Sie mit Ihrem Kind darüber sprechen (das ist z. B. auch schon mit einem vierjährigen Kind möglich), welche beunruhigenden Beobachtungen Sie an ihm gemacht haben, wie es ihm geht und wie es die Probleme angehen möchte; durch dieses Gespräch können Sie hoffentlich ein Gespür dafür entwickeln, ob die schwierige Phase des Kindes vorübergehender oder eher langfristiger Natur ist. Wenn die Probleme Ihres Kindes eher langfristiger Art sind, weil sie mit alltäglichen Lebenssituationen verbunden sind (z. B. mit der Schwierigkeit, mit gehässigen Schulkameraden fertig zu werden, oder mit dem Druck, sich neue Fertigkeiten aneignen zu müssen), dann ist es ratsam, professionelle Hilfe zu suchen. Wenn sich Ihr Ehepartner/Ihre Ehepartnerin an diesem Vorgang nicht beteiligen möchte – was beschämend ist –, darf er/sie Ihre Bemühungen, professionelle Hilfe für Ihr Kind zu bekommen, zumindest nicht boykottieren. Dies gilt besonders dann, wenn die Eltern getrennt leben und das Wohl des Kindes zu einem dringenderen Anliegen gemacht wird, als das elterliche „Tauziehen" zu gewinnen.

64. SIND ANTIDEPRESSIVA FÜR KINDER GEEIGNET?

In Deutschland sind viele Antidepressiva auch für die Verabreichung an Kinder zugelassen, und die Verschreibungen nehmen zu. Bis heute ist nicht überzeugend nachgewiesen worden, dass diese Medikamente bei Kindern wirken oder für sie geeignet sind, doch die Forschung auf diesem Gebiet ist noch nicht abgeschlossen. Entsprechend lässt sich auch nicht überzeugend nachweisen, dass diese Medikamente bei Kindern nicht wirken oder für sie nicht geeignet sind. Aber es gibt eine Menge Berichte über Einzelfälle aus dem unmittelbaren Erfahrungsbereich von Kinderärzten, Psychiatern, Psychotherapeuten und Eltern, die überzeugt sind, dass Antidepressiva den Kindern und Jugendlichen geholfen haben.

Welche Konsequenzen hat es, wenn man die Biochemie des jungen und noch in der Entwicklung befindlichen Gehirns eines Kindes oder Jugendlichen verändert? Niemand kann darauf eine Antwort geben. Die Kinder, denen bereits Antidepressiva, die nicht speziell für Kinder zugelassen sind, verabreicht werden, sind letztlich die „Versuchskaninchen" und vom Zufall der Medikamentenauswahl abhängig. Doch praktisch kann die Depression selbst auch eine schädigende Auswirkung auf das noch in der Entwicklung befindliche Gehirn eines Kindes haben, und von daher ist die Entscheidung für oder gegen Antidepressiva offensichtlich schwierig. Diese Überlegung greift allerdings nur dann, wenn man in den Optionen „entweder Medikamente oder Depression" denkt. Die Psychotherapie ist zweifellos eine Alternative ohne Medikamente; sie ist allerdings bei Kindern aus mehreren Gründen oftmals etwas schwieriger anzuwenden. Diese Gründe reichen von Schwierigkeiten, mit zwei berufstätigen Elternteilen regelmäßige Therapietermine zu finden, bis zu der Tatsache, dass die sprachlichen und kommunikativen Fähigkeiten bei Kindern noch weniger entwickelt sind.

65. Ab welchem Alter kann eine Psychotherapie für ein Kind sinnvoll sein?

Schon ein ziemlich junges Kind, bereits ab einem Alter von drei bis vier Jahren, kann von einer Psychotherapie profitieren; denn selbst wenn das Sprachvermögen des Kindes noch nicht besonders ausgeprägt ist, können nonverbale oder weniger sprachabhängige Techniken (z. B. Spieltherapie, Rollenspiel sowie Kunst- und Musiktherapien) effizient sein. Bei noch jüngeren Kindern kann eine Therapie auch dadurch nützlich sein, dass den Eltern neue Strategien im Umgang mit ihrem Kind angeboten werden. Kinder- und Jugendtherapeuten sind Spezialisten in der Arbeit mit Kindern und können Kinder auf sehr geschickte Weise dazu bringen, sich zu öffnen und wichtige lebenspraktische Fertigkeiten zu erlernen. Ein wesentlicher Punkt ist der, dass Sie einen Therapeuten finden, den Sie mögen und dem Sie vertrauen.

Die Psychotherapie bei älteren Kindern und Jugendlichen arbeitet nach ganz ähnlichen Modellen wie die bei Erwachsenen. Die Kinder lernen effiziente Fertigkeiten für den Umgang mit Problemen, für die Lösung von Problemen und für den zwischenmenschlichen Bereich. Die therapeutische Arbeit nach diesen Modellen hat gezeigt, dass nicht nur die Depression gemildert, sondern auch das Risiko eines Rückfalls reduziert werden kann. Und die Eltern, die ihr Kind nicht mit Antidepressiva behandeln lassen möchten, können die Vorteile der Psychotherapie nutzen, ohne die potenziellen Nebenwirkungen der Medikamente bei ihrem Kind in Kauf nehmen zu müssen.

66. Was soll man tun, wenn ein Jugendlicher professionelle Hilfe verweigert?

Diese Frage ist nicht leicht zu beantworten, denn wenn man Kindern oder Jugendlichen therapeutische Hilfe aufdrängt und sie diese Hilfe aber nicht wollen, erzeugt man eine sehr schwierige Situation. Die Betroffenen können dann Ihre größten Bemühungen unterminieren, indem sie einfach passiv sind und überhaupt nichts tun.

Der Vorschlag an den Jugendlichen, Hilfe anzunehmen, muss möglichst frei sein von Wut oder Konfliktstoff. Statt ihm im Befehlston mitzuteilen: „Ich möchte, dass du zum Psychiater gehst!" – ein Satz, der zur Rebellion herausfordert –, wählen Sie lieber eine einfühlsamere Vorgehensweise: „Ich spüre, wie du leidest, und ich möchte dir helfen. Doch ich weiß nicht, wie ich das machen soll. Können wir nicht einmal mit jemandem sprechen, der dir helfen kann? Ich möchte einfach nicht, dass du dich weiterhin so quälst." Wählen Sie für ein solches Gespräch einen Zeitpunkt, zu dem Ihre Interaktionen eher friedlich als gespannt sind. Geben Sie sich Mühe, Gelegenheiten zum Gespräch zu schaffen, z. B. wenn Sie miteinander im Auto fahren oder gemeinsame Aktivitäten unternehmen, bei denen Sie weniger aufeinander konzentriert sind. Oftmals findet man zu einem Jugendlichen leichter Zugang, wenn die Aufmerksamkeit auf einer gemeinsamen Aktion liegt. Wichtig ist natürlich, dass Sie auch schon vor der Krisensituation einen netten Umgangston miteinander gepflegt haben. Es ist unrealistisch, zu erwarten, dass sich Ihr Kind Ihnen gegenüber öffnet, wenn Sie Monate oder gar Jahre nicht vertraulich miteinander gesprochen haben. Eine andere Option besteht darin, dass Sie Personen hinzuziehen, die im Leben Ihres Kindes eine Rolle spielen, z. B. einen Lehrer, einen Schulpsychologen oder die Eltern eines Freundes des Kindes, und die Ihr Kind zu einem offenen Gespräch über seine Probleme ermutigen können. Denken Sie immer daran, dass auch ein zorniger, schmollender Jugendlicher nicht möchte, dass sein negativer Gefühlszustand von Dauer ist. Sie können dem Jugendlichen sagen, dass Sie an einer Besserung seines Zustandes interessiert sind, ihn in seinen Emotionen und Bedürfnissen stützen und ihm die Einsicht nahe bringen: „So weiterzumachen wie bisher führt zu nichts."

Als besorgte Mutter/besorgter Vater können Sie und sollten Sie vielleicht auch an der Therapie Ihres Kindes teilnehmen. Doch lassen Sie ihm Spielraum. Der Heranwachsende möchte vielleicht, dass Sie am Anfang der Behandlung anwesend sind und danach nicht mehr, sodass er den Therapeuten „für sich allein" hat. Vielleicht lehnt der Jugendliche es von vornherein ab, dass Sie in die Therapie mit einbezogen werden.

Kein Kind oder Jugendlicher möchte sich als „anders" oder „verrückt" ansehen lassen. Ein großer Teil des Widerstandes gegen professionelle Hilfe kommt von dieser falschen Vorstellung. Wenn Sie sich auf das konzentrieren, was nicht in Ordnung ist, aber wieder in Ordnung gebracht werden kann, und wenn Sie es Ihrem Kind leicht machen, professionelle Hilfe anzunehmen, ohne Ihnen über alles Rechenschaft ablegen zu müssen, reagiert der Jugendliche vielleicht positiver auf Ihre Vorschläge, einen Therapeuten zu konsultieren.

67. WAS KANN MAN ALS ELTERN TUN, UM ZU VERHINDERN, DASS EIN KIND DEPRESSIV WIRD?

Es gibt nur wenige Dinge, die man tun kann. Das Allerwichtigste ist, dass Sie versuchen, einen „guten Draht" zu Ihrem Kind aufzubauen und zu halten. Emotionale Nähe muss man sich erarbeiten, emotionale Distanz schleicht sich einfach ein. Es ist unwahrscheinlich, wenn auch nicht unmöglich, dass Sie jahrelang ein distanziertes Verhältnis zu Ihrem Kind haben und dann plötzlich eine enge Beziehung zueinander entwickeln. Achten Sie darauf, dass die Verbindung zu Ihren Kindern nicht abreißt. Probleme lassen sich gemeinsam mit ihnen lösen. Sprechen Sie miteinander über konkrete Probleme, und suchen Sie gemeinsam nach Lösungen.

Sprechen Sie über ernste Dinge, aber vergessen Sie darüber nicht die fröhlichen Seiten. Die Zeiten, die Eltern und Kinder friedvoll miteinander verbringen, lassen sich durch nichts ersetzen.

Lassen Sie Ihre Kinder nur begrenzt fernsehen. Kinder zwischen drei und dreizehn Jahren sitzen im Durchschnitt etwa zwei Stunden am Tag vor dem Fernseher, und werden in dieser Zeit buchstäblich davon abgehalten, eine realistische Wahrnehmung von sich selbst, von den anderen und vom menschlichen Leben zu entwickeln. Zu viel Fernsehen führt dazu, dass die Gedanken des Zuschauers deformiert und sinnvolle Aktionen mit anderen Menschen verhindert werden. Der Fernseher ist zwar ein mangelhafter, aber bequemer Babysitter für Eltern, die nicht viel Zeit mit ihren Kinder verbringen wollen oder verbringen können. Er ist ein armseliger Ersatz für die Eltern.

Lassen Sie Ihre Kinder nur begrenzte Zeit an den Computer. Kontrollieren Sie, welche Websites Ihre Kinder besuchen, und überwachen Sie, wie lange sie vor dem Computer sitzen. Man hat durch Untersuchungen eindeutig nachgewiesen, dass es einen Zusammenhang gibt zwischen dem zeitlichen Umfang, in dem jemand vor dem Monitor sitzt, und der Entstehung von Depressionen.

Legen Sie Wert darauf, dass Ihre Kinder die Verantwortung für ihr Handeln selbst übernehmen. Seien Sie konsequent in Ihren Reaktionen auf „richtiges" Verhalten, vor allem im Hinblick auf Belohnungen.

Machen Sie sich immer wieder bewusst, dass Sie ein Vorbild für Ihre Kinder sind. Stellen Sie sich regelmäßig die Frage, welche Botschaft Sie Ihren Kindern vermitteln, wenn diese beobachten, wie Sie Ihr Leben gestalten. Der Schriftsteller James Baldwin sagte einmal: „Kinder hören ihren Eltern vielleicht nicht immer zu, aber sie imitieren die Eltern immer."

Bringen Sie Ihren Kindern bei, was soziale Verantwortung heißt, wie man rechtzeitig Probleme löst, wie man klare Gedanken entwickelt und wie wertvoll gute Familienbeziehungen sind.

Lehren Sie Ihr Kind, wie man vorausschauend denkt, d. h., wie man mögliche Konsequenzen seines Handelns antizipieren kann. Durch Weitblick kann so viel Leiden vermieden werden, doch viele Menschen fällen ihre Entscheidungen blind und aus einer momentanen Gefühlslage heraus, und später leiden sie nur darunter. Den Kindern beizubringen, wie nützlich Ziele und zielorientierte Verhaltensweisen sind, ist mindestens genauso wichtig, wie ihnen beizubringen, wie man den Augenblick genießt.

Noch einige Hinweise

68. WAS MACHE ICH NACH DER LEKTÜRE DIESES BUCHES ALS NÄCHSTES?

Mit diesem kleinen Buch ist die Absicht verbunden, über das Phänomen der Depression zu informieren und einen genaueren Blick darauf zu werfen. Hoffentlich haben Sie einige Informationen darin gefunden, die für Sie hilfreich sind, um sich mit dem komplexen Bereich der Depression vernünftig auseinander setzen zu können. Nach dieser kurzen Einführung in die spezifisch auf die Depression bezogene klinische Theorie, Forschung und Praxis sind Sie nun gut darauf vorbereitet, über Ihre nächsten Schritte zu entscheiden.

Vermutlich ist Ihnen die wichtigste Botschaft dieses Buches nicht entgangen, dass nämlich ein Mensch, der an Depressionen leidet, einige sinnvolle Dinge tun kann, um sich zu helfen, und dadurch wiederhergestellt werden kann. Weitere Informationen können Sie aus den unterschiedlichsten Quellen beziehen, angefangen von Websites im Internet bis zu Büchern (siehe Fragen 69 und 70). Erfahrene und kompetente Nervenärzte können Sie in Ihren Bemühungen, eine Depression zu überwinden, leiten und unterstützen.

Das Wichtigste ist nun, dass Sie sich weiterhin aktiv mit den Problemen und Fragen in Ihrem Leben auseinander set-

zen und sich auf keinen Fall der falschen Vorstellung hinge-
ben, dass die anderen Menschen sowieso alles besser könnten
als Sie selbst. Natürlich können Sie das, was andere können,
auch. Allerdings nicht auf der Grundlage, dass Sie dieselben
Dinge machen wie bisher und auf ein Wunder warten.

Der erste Grundsatz für eine Veränderung lautet: „Machen
Sie etwas anders." Wenn Sie nicht wissen, was Sie tun sollen,
dürfen Sie nicht davon ausgehen, dass nichts getan werden
könne. Verwechseln Sie Ungewissheit nicht mit Schicksalhaf-
tigkeit. Eine Depression ist kein unentrinnbares Schicksal.
Nehmen Sie das Ziel ins Visier, und tun Sie das, was erforderlich ist, um dieses Ziel zu erreichen. Die Zukunft wartet auf
Sie.

69. Welche Bücher über die Selbsthilfe bei Depression empfehlen Sie?

David Burns (2002): Fühl Dich gut: Angstfrei mit Depressionen umgehen. Trier (Ed. Trèves).

Dennis Greenberger und Christine Padesky (1995): Mind
over Mood: Change how you Feel by Changing how you
Think. New York (Guilford Press).

Martin Seligman (2001): Pessimisten küßt man nicht. Op-
timismus kann man lernen. München (Droemer Knaur).

Michael Yapko (1995): Depressionen und Hypnose. Strategien der Veränderung von depressiven Lebensmustern. Stutt-
gart (Klett-Cotta).

Michael Yapko (1999): Hand-Me-Down-Blues: How to
Stop Depression from Spreading in Families. New York (St.
Martin's Griffin).

70. WELCHE INTERNETADRESSEN HELFEN MIT INFORMATIONEN ZUM THEMA DEPRESSION WEITER?

http://www.depression.de
http://www.kompetenznetz-depression.de
http://www.nein-zur-depression.at
http://www.depression.ch

Abschließende Gedanken

Leider ist es keine Kunst, vorauszusehen, dass Depressionen weiterhin ein immer größer werdendes Problem darstellen. Doch diese Entwicklung muss nicht zwangsläufig einsetzen. Inzwischen wissen wir so viel darüber, was man tun kann, um eine Depression zu behandeln und sogar zu verhindern.

Aber es ist generell eine menschliche Schwäche, ein Problem erst dann wirklich ernst zu nehmen, wenn es die „kritische Zone" erreicht hat. Doch diese Schwäche müssen Sie nicht haben. Dieses kleine Buch gibt Ihnen wesentliche Informationen über die Depression und darüber hinaus viele Fakten und Perspektiven, die nützlich sind, um sich mit einer Depression auseinander zu setzen und sie schließlich zu besiegen.

Ihr stärkstes Werkzeug ist Ihr Wissen. Hoffentlich können Sie das, was Sie diesem Buch entnommen haben, in die Tat umsetzen, um für sich selbst oder andere Menschen, die Ihnen nahe stehen und vielleicht an Depressionen leiden, wirksame Hilfe zu leisten. Warten Sie nicht. Die Zeit ist ein zu kostbares Gut, um es zu verschwenden.

Michael D. Yapko, Ph. D., ist klinischer Psychologe sowie Paar-
und Familientherapeut; er prak-
tiziert in Solana Beach (Kalifornien, USA). Er ist international
bekannt für seine Arbeit in der
Kurzzeit- und ergebnisorientier-
ten Psychotherapie. Seine Vor-
tragsreisen führen ihn in alle Erd-
teile und regelmäßig auch nach
Deutschland.

Michael Yapko hat zahlreiche
Bücher, Buchbeiträge und Auf-
sätze geschrieben, in denen er
sich mit dem Thema Kurztherapie bei Depression und Anwendung strategischer Psychotherapien befasst. So verfasste
er unter anderem Hauptbeiträge über Depression, Kurztherapie und klinische Hypnose für die *Encyclopedia Britannica
Medical and Health Annuals* der Jahre 1996, 1997 und 1998.

Yapko ist Mitglied der *American Psychological Association*,
Mitglied der *American Association for Marriage and Family The-
rapy* und Fellow der britischen *Royal Society of Medicine*.

Dirk Revenstorf/Reinhold Zeyer

Hypnose lernen

Leistungssteigerung und
Stressbewältigung durch Selbsthypnose

157 Seiten, Kt, 4. Aufl. 2001
ISBN 3-89670-223-8

Bei der hier entwickelten Methode der Hypnose und Selbsthypnose wird eine Fähigkeit bewusst gemacht, die jeder von
uns besitzt: in Trance zu gehen und brachliegende Kräfte zu
aktivieren. Blockaden, wie sie in Angst- und Stresssituationen
entstehen, werden dabei augenblicklich abgebaut, Leistungs-
bereitschaft tritt an ihre Stelle.

Carl-Auer-Systeme Verlag

Wolfgang Blohm

Kribbeln im Bauch

Gefühle als Wegweiser

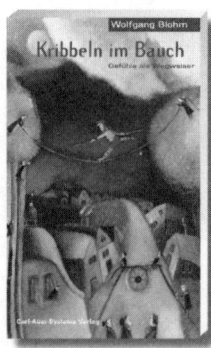

190 Seiten, Kt, 2000
ISBN 3-89670-140-1

Wolfgang Blohm erreicht beim Leser, was der Titel seines Buches verspricht: die Aufmerksamkeit auf die eigenen Gefühle und inneren Stimmungen als Orientierungs- und Entscheidungshilfen im Alltag zu lenken. Schon beim Lesen kommen genau die Bewusstseinsprozesse in Gang, die als hilfreicher Weg zu Gesundheit und Wohlgefühl beschrieben werden. Die schärfere Wahrnehmung des persönlichen Umgangs mit der eigenen Umwelt – anderen Menschen, Tieren, der Natur, dem familiären und politischen Leben – bietet die Chance, den Körper und die Gefühle als sichere Wegweiser zu Harmonie und Gesundheit zu begreifen und anzunehmen.

„Selten habe ich es erlebt, dass Lesen so lehrreich ist, dabei so entspannen und Spaß machen kann und dabei wieder im gleichen Moment mit seiner großen Weisheit tief berührt. Das Buch wirkt auf sehr schöne Art enorm bereichernd, es nicht zu lesen, wäre ein großer Verlust."
Dr. Gunther Schmidt

Carl-Auer-Systeme Verlag

Wolfgang Blohm

Selbstregulation und Wohlbefinden

Neue CD-Reihe fürs Wohlbefinden

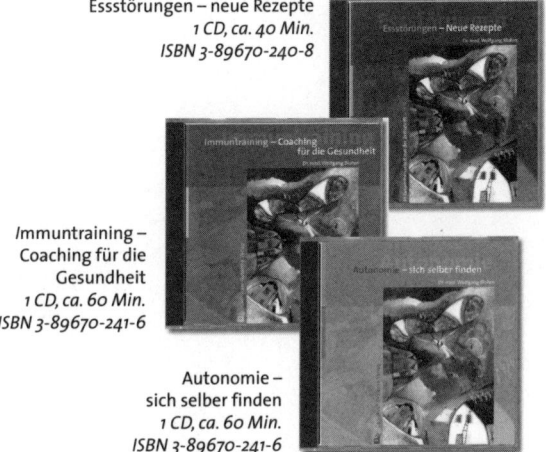

Essstörungen – neue Rezepte
1 CD, ca. 40 Min.
ISBN 3-89670-240-8

Immuntraining –
Coaching für die
Gesundheit
1 CD, ca. 60 Min.
ISBN 3-89670-241-6

Autonomie –
sich selber finden
1 CD, ca. 60 Min.
ISBN 3-89670-241-6

Endlich Essprobleme überwinden, die Abwehrkräfte stärken und ein selbstbestimmtes Leben führen – diese Ziele lassen sich mit Hilfe dieser neuen CD-Reihe leichter erreichen. Die suggestiven Formeln zur Selbstregulation basieren auf den neuesten Erkenntnissen der Psychoneuroimmunologie und auf den langjährigen Erfahrungen aus der hypnotherapeutischen Arbeit des Allgemeinmediziners Dr. Wolfgang Blohm.

Selbstregulation ist die Fähigkeit, durch eigene Aktivitäten Wohlbefinden und Sicherheit zu erzeugen. Mithilfe dieser CDs werden Sie befähigt, mit unbegrenzter Kreativität und einem Höchstmaß an Selbstbestimmung Änderungen in Ihrem Leben einzuleiten.

Sie müssen damit rechnen, dass es Ihnen bei regelmäßigem Gebrauch der CDs täglich besser gehen kann!

www.carl-auer.de